“十三五”国家重点出版物出版规划项目—凉山少数民族地区脱贫攻坚模式研究丛书

凉山少数民族地区产业扶贫可持续发展研究

王桂胜　杨阿维◎著

中国工人出版社

图书在版编目（CIP）数据

凉山少数民族地区产业扶贫可持续发展研究 / 王桂胜, 杨阿维著.
—北京：中国工人出版社, 2020.12
ISBN 978-7-5008-7576-5

Ⅰ. ①凉… Ⅱ. ①王… ②杨… Ⅲ. ①少数民族—民族地区—扶贫—研究—凉山彝族自治州 Ⅳ. ①F127.712

中国版本图书馆CIP数据核字（2020）第247707号

凉山少数民族地区产业扶贫可持续发展研究

出 版 人	王娇萍
责任编辑	罗荣波　周子欣　黄冰凌
责任印制	栾征宇
出版发行	中国工人出版社
地　　址	北京市东城区鼓楼外大街45号　邮编：100120
网　　址	http://www.wp-china.com
电　　话	（010）62005043（总编室）（010）62005039（印制管理中心） （010）62382916（工会与劳动关系分社）
发行热线	（010）62005996　82029051
经　　销	各地书店
印　　刷	北京美图印务有限公司
开　　本	710毫米×1000毫米　1/16
印　　张	12.75
字　　数	170千字
版　　次	2020年12月第1版　2020年12月第1次印刷
定　　价	68.00元

前　言

2018年2月11日，习近平总书记深入凉山少数民族地区考察脱贫攻坚，指出要进一步加大对凉山的扶贫力度，扎扎实实推进脱贫工作，要让各族人民都过上幸福美好的生活，全面小康路上不能忘记每一个民族、每一个家庭。

2018年2月14日，时任四川省委书记王东明先后主持召开省委常委会会议、全省领导干部大会，专题传达学习习近平总书记来川视察重要讲话精神并作出安排部署，提出明确要求。同年3月15日，王东明同志在《求是》杂志发文指出，要切实把总书记关怀厚爱和殷切希望转化为推动治蜀兴川再上新台阶的具体行动和实际成效。锁定“两不愁、三保障”，聚焦藏区彝区深度贫困地区，牢牢把握精准要求、下足“绣花”功夫，坚决打赢精准脱贫攻坚战。

2020年10月12日至16日，四川省委书记彭清华前往凉山州调研时指出，要坚定贯彻习近平总书记关于扶贫工作重要论述和对四川工作系列重要指示精神，全面落实党中央和省委部署要求，以高度的责任感使命感，咬定目标全力冲刺，查漏补缺提升质量，坚决夺取脱贫攻坚收官之战全面胜利，确保如期全面建成小康社会。

凉山少数民族地区是“三区三州”深度贫困地区的重点地区之一，也是全国决战决胜脱贫攻坚的重点区域之一，当地生存环境恶劣、基础交通不便、基础设施薄弱，扶贫脱贫工作难度较大，是影响全国夺取脱贫攻坚全面胜利的控制性因素之一，成为党和政府以及社会各界的关注重点。

为深入研究凉山少数民族地区脱贫攻坚实践，总结脱贫致富典型经验模式，中国工人出版社策划了“凉山少数民族地区脱贫攻坚模式研究丛书”，从党建引领与脱贫攻坚、产业扶贫与可持续发展、特色旅游产业扶贫、扶贫队伍建设等角度出发，研究破解深度贫困之策。中国少数民族经济发展协同创新中心（省部共建）对丛书项目策划给予重要的智力支持，中国少数民族经济发展协同创新中心、西南大学、四川农业大学、中共凉山州委党校等研究机构的学者负责相关主题的研究写作工作。2018 年 9 月，“凉山少数民族地区脱贫攻坚模式研究丛书”入选“十三五”国家重点出版物出版规划项目。

曾经一步跨千年，而今跑步奔小康。凉山少数民族地区脱贫工作取得的成就充分彰显了中国共产党打赢脱贫攻坚战的坚定信心。然而，贫困是世界性难题，要使凉山少数民族地区脱贫后可持续发展，不仅要总结深度贫困地区当前脱贫攻坚实践，更要切实提升扶贫内生动力。本丛书的出版对于推动减贫战略和工作体系平稳转型具有重要的借鉴意义，也有利于丰富我国全面建成小康社会理论研究，必将为新时代出版领域再添亮丽一笔。

目　录

第一章

凉山少数民族地区经济发展分析

第一节　凉山州总体概况

一、凉山州基本情况

凉山彝族自治州位于四川省西南部，是全国最大的彝族聚居区和四川民族类别、少数民族人口最多的地区。全州幅员 6.04 万平方公里，辖 17 个县市，境内有彝、汉、藏、回、蒙等 14 个世居民族，总人口 529.94 万人，其中彝族人口占 53.6%。

凉山彝族自治州是攀西国家战略资源创新开发试验区的核心区，五大优势资源富集度高、组合性好，开发潜力巨大。

一是清洁能源富甲天下。水能资源技术可开发量达 7004 万千瓦，约占全国的 15%、全省的 57%，是国家“西电东送”的重要基地和骨干电源点，风电技术可开发量约 1500 万千瓦，光电经济技术可开发量约 500 万千瓦。

二是生态旅游资源绚丽多彩。地处“大香格里拉旅游环线”腹心地带，有代表性的旅游景区、景点 160 多个，其中 A 级景区 38 个（4A 级 11 个、3A 级 24 个、2A 级 3 个），邛海—泸山、螺髻山、泸沽湖、西昌卫星发射中心等闻名中外，西昌邛海是首批 17 家国家级旅游度假区之一，邛海湿地是全国最大的城市生态保护湿地、23 个重点建设的国家湿地公园之一，2013 年凉山被评为省级旅游标准化示范州。

三是绿色农业资源丰富多样。凉山州是全国同纬度地区日照时数和总辐射量最多的地区之一，是发展绿色特色农业的最适宜区和四川三大林区、三大牧区之一，已建成全国优质烤烟综合标准化示范州和最大的苦荞麦、马铃薯、石榴生产基地以及四川最大的草食畜生产基地，被授予“中国苦荞之都”“中国茧丝之都”等称号。共有“大凉山”品牌农产品 1550 个、

“三品一标”农产品115个，多次荣获全国、省农业博览会金奖和名优产品称号。

四是民族文化资源独具魅力。有全世界唯一反映奴隶社会形态的博物馆——凉山奴隶社会博物馆，共有国家级、省级、州级非遗名录项目373项，省级、州级非遗项目代表性传承人415名，国家级非物质文化遗产生产性保护示范基地3个、国家级文化产业示范基地1个，彝族“火把节”被国务院向联合国教科文组织推荐申报“人类非物质文化遗产名录”，泸沽湖摩梭文化有“人类母系社会活化石”之称，彝族歌舞服饰、藏乡风情等多民族文化交相辉映。

五是矿产资源得天独厚。位于川滇南北构造成矿带中段，已探明矿种103种，有相当储量的61种，特大型、大型矿床30处，轻稀土氧化物保有储量全国第二，有色金属矿产储量全省第一，钒钛磁铁矿保有储量全省第二，被誉为“中国的乌拉尔”。

凉山彝族自治州也是“一步跨千年”的直过民族地区、国家“三区三州”深度贫困地区之一。截至2018年底，还有深度贫困县11个、贫困村618个、贫困人口31.7万人，分别占全省的28.9%、34.7%、44.6%，其中贫困发生率高于20%的贫困村有557个，属于贫中之贫、困中之困、坚中之坚，脱贫攻坚任务十分艰巨。

近年来，凉山州以习近平新时代中国特色社会主义思想为指导，深入贯彻习近平总书记视察凉山重要讲话指示精神，认真落实党中央、国务院和省委、省政府决策部署，始终把脱贫攻坚作为最大的政治责任、最大的民生工程、最大的发展机遇，以脱贫攻坚统揽经济社会发展全局，全力打好“三大攻坚战”，统筹推进稳增长、促改革、调结构、惠民生、防风险工作，全州经济稳健发展、民生持续改善、民族团结和睦、社会和谐稳定。2019年，全州实现地区生产总值1676.30亿元，比2018年增长5.6%；一般公共预算总收入完成234.33亿元，比2018年增长6.8%。2019年全年减贫14.2万人、退出贫困村318个，全州累计脱贫80.5万人、退出贫困村 1772 个，剩余贫困人口 17.8 万人、贫困村 300 个。贫困发生率从 2014 年的 19.8% 降至 2019 年的 4%，脱贫攻坚总体任务完成 82%。

二、凉山州资源状况

凉山州拥有特色的地理资源、丰富的水资源、生物资源、矿产资源、文化资源和旅游资源等，具体情况详述如下。

（一）地理资源

境内地貌复杂多样，地势西北高、东南低。高山、深谷、平原、盆地、丘陵相互交错，高低悬殊，不仅构成了特殊的地貌景观，也形成了中国罕见的亚热带干热河谷稀树草原景观。州内构造地貌发育充分，断裂带纵横交错，断块山、断陷盆地、断裂谷众多。断陷盆地内分布着河流冲积平原、洪积扇、丘陵、台地等，盆周为断块山，盆底与山顶相对高差可达 1000 米。盆周白山冰川地貌保存完好，发育典型，盆地内部冰川谷和岗垄地貌形态在垂直方向呈层状分布，既有多级剥夷面、多级阶地（如金沙江、雅砻江、安宁河等宽谷河段可见到 4～6 级阶地），也存在层状喀斯特溶洞（如雷波马湖溶洞、西昌仙人洞等），以及低海拔土壤被抬升到高海拔地区的奇观（如在木里海拔 3000～3800 米地带的云杉、冷杉树林里随处可见古红壤）。这种多元性地貌的优势，决定了自然生态环境的多样性，为开展多种类型的旅游活动奠定了物质基础，提供了条件。

境内有属大雪山脉南支的锦屏山、牦牛山、鲁南山、小相岭、黄茅埂等山峰，多数山峰海拔超过 4000 米。木里西部与甘孜州稻城交界的恰朗多吉峰海拔为 5958 米，是全州最高点。雷波县大岩洞金沙江河谷海拔仅为 325 米，是全州最低点，高山深谷的相对高差达 5633 米。

（二）水资源

凉山河流水能总蕴藏量高达 3000 多万千瓦，占全省 20% 以上，金沙江、雅砻江、大渡河在凉山州境内可建100～1000万千瓦大型电站8座，规划装机容量高达2500万千瓦以上。

（三）生物资源

凉山各门类生物资源6000余种，其中，植物类4000余种、动物类1200余种、微生物类近千种，木本和草本植物资源占优势。森林面积3000余万亩，占全省的30%；草地面积3000余万亩，而且牧草产量高、草质优，仅草本类优良饲料就有上百种。野生植物资源名目繁多，仅中草药类就达2500余种，占全省的一半以上。有甘蔗适种地30多万亩，平均亩产达5吨以上，最高可达10吨以上，比福建省高2%，含糖量比四川内江老产区高3%。州西南部具有种植烤烟的良好气候生态环境，质量名列全国前茅，国家烟草专家说“凉山优质烟叶，可与世界最好的津巴布韦烟叶媲美。”蚕茧一年可养四季，蚕茧个大质优，茧丝洁白，弹性好，单粒丝长1200米。各类蔬菜具有“早、优、高、稀、特”的优势。石榴、苹果、脐橙、枇杷、桂圆、核桃、葡萄、花卉、花椒等都具有质量好、产量高等优势。

（四）矿产资源

凉山地处著名的攀西裂谷成矿带，是中国乃至世界罕见的“聚宝盆”。境内矿产资源十分富集，具有品位高、埋藏浅、采取条件好、综合利用价值高的特点。截至2011年，已探明矿种84种，有相当储量的达60种，其中大型、特大型矿床30处，中型矿床63处。主要矿种中，钒钛磁铁矿保有储量13.73亿吨；富铁矿4985.8万吨，居全省第二位；轻稀土氧化物总量103.06万吨，居全省第一位、全国第二位；铜、铅、锌、锡（金属量）485.07万吨，居全省第一位，在西南地区乃至全国都占有重要的地位。另外，贵金属、盐、磷、白云石、硅石等金属和非金属矿种也有相当储量。

（五）文化资源

在凉山这片古老的土地上，“蜀身毒道”“灵关道”蜿蜒于崇山峻岭之间，北达巴蜀、中原，南通边陲、外邦。在这条著名的“南方丝绸之路”上，古桥驭水如故，栈道驾山依然，还有汉柏、汉阙、大石墓、铜鼓、南诏白塔。特别是昭觉县弯长乡的博石瓦黑古岩画群，是保存完好的凉山彝族历史文化遗址。

1. 发型服饰

凉山彝族自治州的服饰多姿多彩，风格独具。历史上，由于彝族支系众多、居住分散，因此各地服饰区别明显、样式各异，带有浓厚的地域色彩。凉山不少地区四季冷凉，气候变化不大，所以彝族服饰季节性不强，察尔瓦（披衫）常年皆着。男子多蓄发于头顶，彝族称“字尔”或“字木”，这是一种古老的传统装束。女童蓄发以后梳单辫垂直于脑后，长三四厘米，系红色棉线穿于耳际，或戴红色石质小圈，用线穿入圈中。

一般青年男女服装色彩鲜艳，喜用红、黄、绿、橙、粉等对比强烈的颜色，纹样繁多。中年人服装的纹样和青年人的相比较少，使用颜色多为天蓝、绿、紫、青、白等，素貌庄重。老年人多用青、蓝，一般不做花，仅以青衣蓝边或蓝衣青边为饰。

2. 金沙砚系

金沙砚与攀枝花苴却砚是同一砚种，石料同脉共生，分别产于攀西大裂谷金沙江两岸的深谷之中。最常见的有“绿标”“黄标”“青花”“冰纹”“水纹”“彩线”“火烙”“翡翠斑”“胭脂冻”等。

3. 摩梭文化

盐源泸沽湖摩梭人文化是全世界母系氏族文化保留至今、极为珍稀的遗存，不仅有很高的学术价值，而且极具旅游价值。

4. 民族文化

凉山彝族千百年来在这片富有古老文化、神奇传说、迷人的自然景观的土地上繁衍生息，传承和保留着中国彝族古朴、浓郁、独特的文化传统，创造了具有凉山自然封闭形态的包括天文、星相、历法在内的独特而优秀的民族文化。

（六）旅游资源

凉山彝族自治州位于四川省西南部，东南与云南省隔金沙江相望，州府西昌市位于成昆铁路中段，自古以来就是通往云南和东南亚的“南方丝绸之路”的重镇。西昌还素有“月亮城”的雅称，西昌卫星发射中心所在地，是闻名中外的“航天城”。这里冬无严寒，夏无酷暑，四季如春，享有“万紫千红花不谢，冬暖夏凉四时春”之誉。境内具有浓郁的民族特点，民俗风情古朴而丰富多彩，例如，独具特色的彝族民风、民俗和泸沽湖畔摩梭人的“走婚”习俗。旅游资源十分丰富，有泸沽湖、螺髻山、西昌古城、邛海大风顶自然保护区、雷波马湖风景区、会理古城等旅游景点。

凉山有代表性的景区、景点 160 多个，极具观光旅游和开发价值。有泸沽湖、邛海—螺髻山 2 个国家级风景名胜区，有马湖、彝海、龙肘山—仙人湖 3 个省级风景名胜区，彝海是红军长征时刘伯承元帅和彝族首领小叶丹结盟的遗址，有美姑大风顶国家级自然保护区及冕宁冶勒等省级自然保护区，有现代高科技景观——西昌卫星发射中心，有青幽的泸山、神奇的土林、大自然的奇观公母山、百万亩飞播森林，有全国唯一展示彝族历史文化的凉山彝族奴隶社会博物馆，有国家历史文化名城会理、省级历史文化名城西昌、宗教圣地灵山寺、木里大寺以及泸沽湖摩梭人风情，还有彝族独具特色的祭事盛典、婚丧嫁娶等民俗民风，有全国四大碑林之一西昌地震碑林、春秋战国大石墓、博什瓦黑岩画、大箐石刻、唐宋塔楼、明清庙宇等。

凉山拥有丰富的民族文化资源。藏族的酥油茶、摩梭人的“苏里玛酒”别有风味；彝族的“火把节”、回族的“古尔邦节”、傈僳族的“牛王会”、布依族的“六月六”热闹非凡；大凉山地区的“毕摩文化”充满魔幻色彩，彝族服饰、歌舞美轮美奂。此外，古人曾用“松风水月”来描绘古城西昌的风光，即泸山的松、安宁河的风、邛海的水、西昌的月。泸山又名蛙山，在西昌城南5公里的邛海南岸，是四川省级风景名胜区之一。泸山海拔2317米，它东临碧波如镜的邛海，西濒蜿蜒秀丽的安宁河，北有历史古城西昌，南依巍巍耸立的螺髻山。

第二节　凉山少数民族地区经济发展综述

为深入研究凉山地区产业扶贫发展情况，首先要全面分析了解凉山地区的经济发展状况，为此本节将综合介绍凉山地区经济发展总体情况、产业发展情况和经济发展环境状况，为进一步开展凉山地区产业扶贫分析打下基础。

一、凉山地区经济发展总体情况

凉山地区坚持以习近平新时代中国特色社会主义思想为指导，深入学习贯彻党的十九大精神、习近平总书记视察凉山重要讲话指示精神，以脱贫攻坚统揽经济社会发展全局，全力打好“三大攻坚战”，统筹推进稳增长、促改革、调结构、惠民生、防风险工作，全州经济社会呈现平稳健康发展的运行态势。

近年来，凉山地区经济运行态势总体向好。2018年实现地区生产总值1533.19亿元，与上年同比增长4%。财政收支也实现稳定增长。2018年一般公共预算收入为146.2亿元，与上年同比增长8.7%，税收占比提高2个百分点。一般公共预算支出681.4亿元，与上年同比增长42%，规模居四川全省第二位。

凉山项目建设扎实推进。成立“4 +6”项目推进组，建立6项推进机制，分四批次集中开工项目513个，德昌鑫盛源技改等360个项目竣工投运，完成全社会固定资产投资960.8亿元。工业经济逐步回升。出台支持工业企业稳增长等36项政策措施，帮助32户企业复工达产。新增清洁能源装机61.2万千瓦，清洁能源产业增加值占全州规上工业增加值比重达60.4%，与上年相比提高13.2个百分点。预计规上工业企业利润总额达149.6亿元，与上年相比增长13.4%。实现建筑业总产值248.4亿元，与上年相比增长26.4%。服务业加快发展。实现服务业增加值612.5亿元，与上年相比增长7.9%。旅游收入436亿元，与上年相比增长21%。网络零售额、金融业增加值分别增长32.3%和7.8%。房地产开发投资、商品房销售面积分别增长2.5倍和1倍。社会消费品零售总额649.6亿元，增长10.4%。

近年来凉山农村经济提质增效明显。实现农业增加值313亿元，与上年相比增长3.8%。粮食产量16连增，马铃薯产量、薯农总收入居全省第一位。新建现代农业产业融合示范园区13个，农产品产地初加工率达49%。新增“三品一标”农产品22个，“大凉山”品牌农产品达1550个。木里、盐源、西昌、金阳、会东“三农”相关工作受到了省委、省政府表扬。

2018年凉山地区在实现地区生产总值持续增长的基础上，不断优化资源配置，实现就业稳定发展，收入水平持续上升，总体经济发展状况保持良性增长势头。

二、凉山地区产业发展状况

考察发达国家或地区的经济发展历史，可以发现其人均收入的递增无疑都经历了产业结构由低级向高级的演变过程。低级产业结构，也就是指该产业结构所产生的增加值较少或附加值较低的产业占比较大。在“无工不富”的时代，第二产业的地位尤显重要；进入现代经济发展阶段，第三产业比重不断呈现上升趋势，所占比重也是独占鳌头。凉山地区近年来在产业结构发展上也大力推进优化调整，转型发展迈出坚实步伐。2018 年，三次产业结构调整为 20.1∶40∶39.9，第三产业增加值占比提高 1.9 个百分点，供给侧结构性改革取得新进展。淘汰化解落后过剩钢铁产能 2 万吨。金融风险得到稳定控制，州内法人地方性银行业金融机构杠杆率 6.3%，处于合理水平。为促进凉山地区企业低成本发展，对各类企业减税降费达到 24 亿元，降低用电成本为 5.6 亿元。

凉山地区推进产业发展的一个重要举措是加强企业品牌建设和科技创新。2018 年开展了“州长质量奖”“卓越工匠奖”等评选活动，目前四川名牌产品达 32 个。此外，凉山科技创新取得了新成效，实施全球招标重大科技项目 8 项、省级重点科技项目 50 项，新创建省级企业研发平台 2 个，凉山稀土产业技术研究院建成投用，新增高新技术企业 5 户。高新技术产业总产值达 194.8 亿元，与上年相比增长 2.8 倍。目前，科技对经济增长的贡献率达到 47.1%。“凉山西昌”荣获国际天文学联合会命名。

为促进凉山产业升级、夯实三大产业的发展基础，相关基础设施建设也必不可少。目前，凉山地区重大基础设施建设取得了新突破。高速公路、国省干线项目有力有序推进，G5 京昆高速泸黄段改扩建工程基本实现双向通车，峨汉高速（甘洛段）加快建设，乐西高速控制性工程开工，德会高速实现开工动员，建成国省干线 184 公里，小相岭、箐口山等隧道顺利贯通。建成高标准农田 18.7 万亩，大桥水库灌区二期等 10 个大中型骨干水利项目加快推进。盐源、会东 500 千伏输变电工程建成投用，雅中至江西、白鹤滩至江苏以及浙江特高压直流输电工程被列入国家重点项目。

综上所述，凉山地区近年来在中央关怀、各兄弟省市的支持下，产业结构优化持续进行，取得了巨大进步。但由于特殊的历史、地理和资源等条件的约束，凉山地区产业结构有待进一步升级创新，以为全州脱贫攻坚任务完成打下坚实基础。

三、凉山地区经济环境状况

凉山地区的经济发展离不开凉山地区经济环境的改善。经济环境，主要指经济发展所需要的各项因素和环境，包括投资环境、优惠政策服务、人文环境和自然环境等。

凉山地区招商引资环境不断优化。近年来，凉山地区锐意进取促改革，发展动力活力不断增强。2018 年用实际行动庆祝改革开放 40 周年，一批重点改革合作事项加快推进。重点领域改革取得实效。实行重点项目 50 天审批办结制，98.8%的州级行政审批事项实现“最多跑一次”，新增市场主体 2.9 万户，其中企业 5145 户。组建凉山发展等 7 个产业投资集团，首期整合存量资产 634 亿元。17 家企业在天府（四川）联合股权交易中心挂牌。水资源税、环保税试点改革任务基本完成，税收营商环境名列全省第四位。农业农村、电力体制和机构改革等有序推进，开放合作全面深化。成功举办彝族传统火把节暨魅力中国城西昌文化旅游博览会、第九届川滇黔市州合作与发展峰会等重大活动，组织参加各类招商活动，履约招商引资项目 264 个。仅在 2017 年，凉山州履约的招商引资项目就达 240 个，累计到位州外资金 441.85 亿元，完成全州工作目标任务 300 亿元的 147.28%。到位国内省外资金 309.09 亿元，完成目标任务 180 亿元的 171.72%。新签约项目 218 个，总投资额 2527.69 亿元，其中，“中国光彩事业凉山行”活动签订正式合同项目 149 个，总投资 2037.77 亿元。近 5 年来，30 余家世界 500 强、中国 500 强、中国民营 500 强企业相继在凉山落地生根，带动了凉山州产业结构调整和优化。

此外，凉山州要求各县市结合州上投资促进“双十条”优惠政策出台各自优惠政策，加大宣传力度，进一步提高企业和全社会对 36 号文件、凉山州“双十条”政策的知晓率，让广大企业真正了解政策、掌握政策、享受政策，促进投资工作健康有序发展，树立凉山州良好开放形象。

凉山地区对外进出口贸易日益活跃。货物贸易进出口总额达 3.85 亿元，与上年相比增长 17.8%。民营经济不断壮大。高规格召开民营经济健康发展大会，制定落实促进民营经济健康发展 38 条政策措施，实现民营经济增加值 779.1 亿元，与上年相比增长 6.5%。县域经济活力增强。西昌、宁南、盐源被评为“2017 全省县域经济发展先进县”，西昌成为全省唯一上榜的“2018 全国综合实力百强县（市）”，会理被评为“新时代·中国最佳文化旅游名县”。

凉山地区自然环境不断美化。建成幸福美丽新村 628 个，创建中国美丽休闲乡村、四川最美古村落 3 个。生态环境保护实现新提升。中央、省环保督察和“回头看”发现问题整改扎实推进，全州森林覆盖率达 45.97%，空气优良天数达 359 天，河（湖）长制全面落实，国家考核断面、县级及以上集中式饮用水水质优良比例均保持 100%，土壤环境质量总体保持稳定，获得省政府环境质量改善资金奖励。

第三节　凉山少数民族地区民生事业发展概述

近年来，凉山少数民族地区在习近平新时代中国特色社会主义思想的指导下，锐意进取、不断创新，不仅在经济发展上取得了不俗的成绩，在民生事业发展上也获得了巨大进步。民生事业是社会经济发展的落脚点，是脱贫攻坚的主要目标，民生事业发展程度是全面建成小康社会的衡量指标。因此，考察某一地区的发展情况离不开对其民生发展水平的具体分析。

一、凉山地区就业发展状况

就业是民生之本。保障民生的第一件大事，就是保障就业。一个人如果没有工作、没有收入来源，不仅他个人失去了安身立命的基础，他的家庭也会因此陷入困境。一个地区如果失业率过高，就很难保持和谐稳定，经济也不可能持续健康发展。近年来，我国各级政府十分重视提高就业水平。稳就业位于“六稳”工作之首，可见中央对就业工作的重视程度。凉山地区对就业发展也一直十分重视，2018 年城镇新增就业人数 2. 1 万人，失业人员再就业 6434 人，城镇登记失业率仅为 2. 64%。此外，凉山州转移输出农村劳动力 129. 6 万人，实现劳务收入 218. 3 亿元，为全州农村脱贫增收打下有利基础。目前，据凉山公安人口统计，凉山全州 2018 年末户籍人口 529. 94 万人，与上年相比增长 1. 66%，其中少数民族人口为 302. 17 万人，占总人口的 57. 02%；彝族人口为 284. 13 万人，占总人口的 53. 62%。由于凉山地区交通运输相对落后，教育和科技发展也相对滞后。因此，如何提高凉山地区的就业率，是对凉山地区实现全面脱贫的重大考验。

二、凉山地区人均收入状况

一个地区的人均收入水平可以直接反映该地区的民生事业发展程度。近年来，凉山地区城乡居民收入稳步增加。2018 年，城镇居民人均可支配收入达到 30421 元，与上年相比增长 8. 0%；人均生活消费支出 19361 元，与上年相比增长 5. 9%。农村居民人均可支配收入 12548 元，比上年净增 1133 元，增长 9. 9%；人均生活消费支出 9333 元，与上年相比增长 6. 9%。

此外，凉山地区城乡居民财产也不断增加，人民越来越富裕，这可以从城乡住户存款稳定增长略窥一斑。2018 年凉山全州住户存款 1116. 65 亿元，与上年相比增长 14. 06%，其中城镇住户存款 730. 47 亿元，与上年相比增长 14. 05%；农村住户存款 386. 18 亿元，与上年相比增长 14. 37%。

近年来，凉山地区倾情倾力惠民生，民生工程扎实推进。重点打造的 10 项民生工程、19 件民生实事全面完成，各族群众得到更多实惠。民生支出已占全州一般公共预算支出的 69. 5%，提高了 3 个百分点。由于政府的高度重视和财政资金的大力支持，凉山地区民生事业得到蓬勃发展。未来在凉山地区经济全面发展的基础上，凉山民生水平将不断提升。

三、凉山地区教育医疗事业状况

教育、科技和医疗事业水平是一个地区民生水平的重要反映指标。近年来，凉山地区积极推进教育事业发展，不断提升各类教育水平。凉山地区各级政府全力实施凉山教育振兴计划，加快推进义务教育基本均衡发展，巩固提升15年免费教育和“9+3”免费职业教育，稳妥推进高考综合改革，全面深化新时代教师队伍建设改革，加强师德师风建设。到2018年末，凉山全州有各级各类学校985所，在校学生89.07万人；其中少数民族学生65.92万人，比上年增加3.90万人。学校专任教师5.18万人，比上年增加0.19万人。

在基础教育方面，2018年末全州小学学校共785所，招生10.78万人，在校学生60.63万人，学龄儿童入学率99.35%，其中少数民族学龄儿童入学率99.32%。普通中学184所，招生10.58万人，在校学生28.44万人。在职业教育方面，中等专业和技术职业学校5所，在校学生1万人；职业高中11所，在校学生2.17万人。在高等教育方面，西昌学院招生5285人，毕业3922人，在校学生17999人，其中少数民族学生3170人。2018年社会教育事业加快发展。15年免费教育惠及学生110.48万人，盐源义务教育基本均衡发展通过国家认定，甘洛、雷波、普格通过省级督导评估验收，西昌民族幼儿师范高等专科学校建成招生。

凉山地区科技发展和应用水平对凉山地区社会经济发展具有重要的影响。目前，凉山地区大力提升科技研究和应用。凉山州各级部门全年共承担科研项目152个，其中省部级项目50个、州级项目102个，获得省级重大科技成果二等奖2项、三等奖9项。

近年来，凉山地区医疗卫生事业不断完善进步。凉山地区不断健全公共卫生服务体系，加强全科医生队伍建设，落实家庭医生签约服务制度，深化医药卫生体制改革。2018 年城乡居民基本医疗保险制度不断推进，参加城乡居民基本医疗保险 475.78 万人，综合参保率 99.88%；城乡居民基本医疗保险基金支出 29.23 亿元。2018 年末全州有卫生机构 1060 个，病床位 27347 张，拥有卫生技术人员 24577 人，其中执业医生 7371 人、护师护士 10743 人。在卫生机构中，疾病预防控制中心 18 个，拥有疾控中心技术人员 838 人；妇幼保健站 18 个，拥有妇幼保健站卫生技术人员 1092 人；乡镇卫生院 545 个，拥有乡镇执业医生 1860 人。目前，凉山州 17 县（市）人民医院全部达到二甲以上，乡镇卫生院基本实现满编运行，行政村基本配齐合格村医，会理、喜德达到国家血吸虫病消除标准，冕宁、会东分别为国家卫生县城和全国健康促进县。

2018 年凉山州成功举办了第五届民族文化艺术节，完成了《中国彝文典籍译丛》第 10 辑的编译工作，有利于传统彝医成果融入现代医疗卫生事业的发展中。此外，凉山地区建成农民体育健身工程 407 个，促进凉山全民健身。凉山还成功举办了首届残疾人运动会，全州体育健儿在省第十三届运动会上取得历史最好成绩。这些都有力反映了凉山地区医疗卫生发展水平在不断提高。

四、凉山地区社会保障事业状况

凉山地区民生事业发展的另一个标志就是社会保障事业发展的进一步推进。2018 年末全州参加城乡居民基本养老保险（含职工）已达 264.83 万人，其中参加企业职工基本养老保险 32.39 万人；参加机关事业单位基本养老保险 16.19 万人；参加城乡居民基本养老保险 216.25 万人。养老金发放人数 64.18 万人，养老金社会化发放率达 100%。2018 年社会保障进一步提标扩面，“五大保险”参保 804.15 万人次。

另外，凉山地区社会福利与救助力度也在不断加大，社会事业也加快发展。城镇纳入最低生活保障的人数为 4.52 万人，保障金支出 1.78 亿元；农村纳入最低生活保障的人数为 43.16 万人，保障金支出 9.68 亿元。全州共有各类养老服务机构44个，床位数9928张。2018年城乡低保标准分别提高8.5%和12.7%，发放困难、重度残疾人补贴7513万元，城乡医疗救助37.5万人次，1.73万名特困儿童被纳入“200+低保”，康复救助残疾儿童476名。此外，凉山地区新增电视户户通2.28万户、广播村村响414个。建成保障性安居住房6492套，实施棚改1.24万户，货币化安置4421户，发放住房租赁补贴1.18万户。

五、凉山地区城镇化水平状况

城镇化水平是衡量一个地区民生事业发展水平的一项综合指标。城镇化水平越高的地区，其民生发展水平也会越高。目前，凉山地区在加速推进城镇化发展，城乡面貌展现新气象。新增城镇建成区3.76平方公里，常住人口城镇化率达35.3%。西昌跻身全国新型城镇化质量百强县（市），新增11个省级“百镇建设行动”试点镇，泸沽湖镇上榜省级特色小镇。

据全国人口变动调查数据显示，2018年凉山州城镇化率稳步提升，年底全州常住人口为492.8万人，比上年增加2.0万人，位居全省第四位（前三位依次为成都、南充、达州），常住人口城镇化率达到37.13%，较上年末提高1.42个百分点。

目前，凉山地区城镇化发展呈现二元或两极分化结构。分区域来看，安宁河流域五县一市城镇化率相对较高，达到49.03%，其余11个县城镇化率仅有25.69%。城镇化率居前三位的是西昌市61.94%、会理县46.26%、会东县41.75%。10年来城镇化率提高幅度居前三位的会理县提高14.68个百分点、会东县提高13.44个百分点、冕宁县提高12.31个百分点。全州17个县（市）城镇化发展水平不均衡，最高的西昌市与最低的美姑县之间差距达到47.58个百分点。

城镇化发展必然带动提高了凉山居民的生活水平，因为城镇的生活基础设施相对更加完善。在能源方面，凉山地区通过招商引资引进了四川中为新能源科技有限公司项目。先后投资14亿元人民币开发建设了白乌一期、白乌二期、白乌三期三个光伏电站，每个电站装机 50MW，总装机容量 150MW，通过一回 220kV 线路送出至国家电网 220kV 盐源变电站。项目建成后，一跃成为四川省单体容量最大、送出电压等级最高的光伏电站。盐源白乌光伏电站一期、二期和三期公司实现上网电量 5.58 亿度，创造工业产值 22416 万元。对标传统火电厂，每年可为国家节约标准煤 22.35 万吨，减少排放温室气体二氧化碳约 55.7 万吨，减少排放大气污染物二氧化硫约 1.6 万吨，碳氧化合物约 0.83 万吨，为国家节能减排作出积极贡献，为凉山城镇化对能源的需求以及社会绿色发展提供了坚实保障。此外，凉山地区道路建设的加速推进和基础设施网的不断完善，为该地区城镇化建设提供了物质基础。

第四节　凉山地区扶贫脱贫事业发展现状

自党的十八大以来，中央加大了扶贫开发的力度，提出精准扶贫、全面脱贫的发展要求。2019 年是凉山经受重大考验、砥砺奋进的一年。面对脱贫攻坚任务艰巨繁重、经济下行压力持续加大、多种矛盾困难相互叠加的严峻复杂局面，全州上下深入学习贯彻习近平总书记视察凉山重要指示讲话精神，牢记习近平总书记“我对凉山寄予厚望”的关怀嘱托，聚焦聚力脱贫攻坚“头等大事”、转型发展“第一要务”，接力奋斗、感恩奋进，用汗水浇灌收获、以实干笃定前行，全年实现地区生产总值 1676.3 亿元、地方一般公共预算收入 153.6 亿元，圆满完成 318 个贫困村退出、14.2 万贫困人口脱贫的年度任务，雷波、甘洛、盐源、木里 4 个县退出贫困县序列，全州累计退出贫困村 1772 个、减贫 80.14 万人次，贫困发生率降至 4%，呈现经济稳定增长、民生持续改善、各民族团结和睦、社会和谐稳定的良好局面。

其中，佛凉东西部扶贫协作、湖州对口支援、省内对口帮扶等工作成效明显。投入保障力度空前。累计选派各级对口帮扶干部 1.13 万名，新增 3558 名。投入 23 个扶贫项目专项资金 254 亿元，增长 23.9%，其中佛山扶贫协作资金 6.85 亿元，增长 5.6 倍。落实精准扶贫、易地扶贫搬迁政府债券 83.9 亿元。“四项扶贫基金”规模达 14.1 亿元，发放扶贫小额信贷 17.4 亿元，实现增减挂钩和占补平衡指标交易收益 3.8 亿元。

基础条件大幅改善。完成易地扶贫搬迁 11.2 万人，建成彝家新寨 302 个、藏区新居 1675 户，改造农村危房 2.3 万户、土坯房 8.82 万户，66.6% 的贫困人口住上好房子。新改建县乡村道 3819.5 公里，乡镇、建制村通畅率分别达 99.6% 和 99.8%，结束了“溜索时代”。完成惠及 38.9 万人的农村饮水安全巩固提升工程、18.1 万人的农村电网改造工程，退出贫困村互联网接入实现全覆盖。

增收能力稳步提升。8.6 万贫困人口通过发展特色产业脱贫，“以购代捐”认购金额 1.5 亿元，转移输出贫困劳动力 6.1 万人，开发公益性岗位 4561 个，新增 638 个贫困村集体经济达标。2290 户 7364 名自发搬迁贫困人口脱贫，2000 名麻风病人、2.61 万名残疾贫困人口全部被纳入帮扶计划，17.68 万建档立卡贫困人口纳入低保兜底。

“四治”攻坚强力推进。“学前学会普通话”行动启动实施，贫困家庭适龄儿童少年失辍学化解率达 97.5%。新增吸毒、外流贩毒人数分别下降 51%、74.6%，布拖、昭觉和越西 3 个国家毒品问题重点地区分别实现降级摘帽。完成 8 个重点县全人群健康体检，艾滋病抗病毒治疗覆盖率达 83.3%，母婴传播率降至 5.26%。11 个重点县符合政策生育率达 91.94%，提高 3.06 个百分点。

内生动力不断增强。开展“习近平总书记来到我们村”等系列宣讲活动，依托“农民夜校”培训群众 191.9 万人次，轮训适龄贫困劳动力 5.35 万人，创建省州级“四好”村 913 个、星级“四好”文明家庭 20.2 万户。作风转变深入推进。常态化开展明察暗访，创新开展“清卡行动”，清退追缴资金 2314.5 万元，扶贫领域腐败和作风问题专项治理全面深化。

近年来，凉山地区在脱贫攻坚领域发挥团结一致、艰苦奋斗的创业精神，全州上下干部群众齐心协力、共同发展，在发达地区的直接支持和援助下，有望 2020 年全力以赴实现全面脱贫的目标。2020 年是脱贫攻坚决战决胜和“十三五”规划全面收官之年，是全面建成小康社会、实现第一个百年奋斗目标的里程碑之年。凉山州将坚定以习近平新时代中国特色社会主义思想为指导，深入学习贯彻习近平总书记系列重要指示讲话精神，紧扣全面建成小康社会目标任务，坚持稳中求进工作总基调，以决战态势挂牌督战，全面完成剩余 7 个贫困县摘帽、300 个贫困村退出、17.8 万贫困人口脱贫任务，以供给侧结构性改革为主线，以改革开放为动力，深化产业强州、生态立州、开放兴州战略，做好“六稳”工作，统筹推进稳增长、促改革、调结构、惠民生、防风险、保稳定，力争经济增长“保五争六”，确保“十三五”规划圆满收官，确保同步全面建成小康社会，加快建设美丽幸福文明和谐新凉山。

第二章

产业经济和地区增长理论及其应用

第一节　产业经济理论概述

产业，一般是指具有同类属性的经济活动的集合。这些经济活动的集合是社会分工的产物，也是社会生产力发展的结果。产业经济发展理论，就是指具体研究各类产业发展过程中的发展规律、发展周期、影响因素、产业转移、资源配置、发展政策等问题。产业经济理论一般包括产业结构演变理论、产业区域分工理论、产业发展阶段理论、产业组织理论和产业布局理论等。本节将主要介绍前四种理论的发展历程和主要内容，产业布局理论的具体内容放在本章第二节再作分析介绍。

一、产业经济学的概念与基本内容

（一）产业经济学概念

产业经济学（Industrial Economics），又称为产业组织学（Industrial Organization），是应用经济学领域的重要分支。产业经济学是现代西方经济学中分析现实经济问题的新兴应用经济理论学科。

产业经济学从作为一个有机整体的产业出发，探讨在以工业化为中心的经济发展中各产业间的关系结构、产业内企业组织结构变化的规律以及研究这些规律的方法。产业经济学的研究对象是产业内部各企业之间相互作用关系的规律、产业本身的发展规律、产业与产业之间互动联系的规律，以及产业在空间区域中的分布规律等。

（二）产业经济学的基本内容

产业经济学以产业为研究对象，主要研究内容包括产业结构、产业组织、产业发展、产业布局和产业政策等理论。探讨资本主义经济在以工业化为中心的经济发展中产业之间的关系结构、产业内的企业组织结构变化的规律、经济发展中内在的各种均衡问题等。通过研究为国家制定国民经济发展战略，为制定的产业政策提供经济理论依据。

1. 产业组织理论

产业组织理论主要是为了解决“马歇尔冲突”的难题，即产业内企业的规模经济效应与企业之间的竞争活力的冲突。传统的产业组织理论体系主要是由张伯伦（Chamberlin）、梅森（Mason）、贝恩（Bain）、谢勒（Scherer）等人建立的，即著名的市场结构、市场行为和市场绩效理论范式（又称 SCP 模式）。SCP 模式奠定了产业组织理论体系的基础，以后各派产业组织理论的发展都是建立在对 SCP 模式的继承或批判基础之上的。随着博弈论的应用发展，对企业市场策略性行为的解释更加符合实际，新的产业组织理论也应运而生。

2. 产业结构理论

产业结构理论主要研究产业结构的演变及其对经济发展的影响。它主要从经济发展的角度研究产业间的资源占有关系、产业结构的层次演化，从而为制定产业结构的规划与优化的政策提供理论依据。产业结构理论一般包括：对影响和决定产业结构的因素的研究；对产业结构的升级演变规律的研究；对产业结构优化的研究；对战略性产业或主导产业的选择和产业结构政策的研究；产业结构规划和产业结构调整等应用性的研究；等等。

3. 产业关联理论

产业关联理论又称产业联系理论，侧重于研究产业之间的中间投入和中间产出之间的关系，是投入产出理论的主要内容。产业关联理论可以很好地反映各产业的中间投入和中间需求，这是产业关联理论区别于产业结构和产业组织的一个主要特征。产业关联理论还可以分析各相关产业的关联关系（包括前向关联和后向关联等）、产业的扩散效果或影响效果系数（包括产业感应度和影响力、生产的最终依赖度以及就业和资本需求量）等。

4. 产业布局理论

产业布局是一国或地区经济发展规划的基础，也是经济发展战略的重要组成部分，更是实现国民经济持续稳定发展的前提条件。产业布局理论主要研究影响产业布局的因素、产业布局与经济发展的关系、产业布局的基本原则、产业布局的基本原理、产业布局的一般规律、产业布局的指向性以及产业布局政策等。

5. 产业发展理论

产业发展理论是研究产业发展过程中的发展规律、发展周期、影响因素、产业转移、资源配置、发展政策等问题。对产业发展规律的研究有利于决策部门根据产业发展不同阶段的发展规律采取不同的产业政策，也有利于各类企业根据这些规律采取相应的发展战略。

6. 产业政策理论

产业政策是一国或地区政府制定的，引导该国或地区产业发展方向、引导推动产业结构升级、协调该国或地区产业结构、使国民经济健康可持续发展的政策。一般产业政策制定过程包括产业政策调查（事前经济分析）、产业政策制定、产业政策实施方法、产业政策效果评估、产业政策效果反馈和产业政策修正等。产业政策从其内容来看，包括产业发展政策、产业组织政策、产业结构政策、产业布局政策和产业技术政策等；从其作用特征或功能来看，包括秩序型产业政策（或称制度型产业政策）以及过程型产业政策（或称行为型产业政策）。

二、产业结构演变理论

产业结构同经济发展相对应而不断变动，在产业高度方面不断由低级向较高级演进，在产业结构横向、联系方面不断由简单化向复杂化演进，这两方面的演进不断推动产业结构向合理化方向发展。

1. 配第－克拉克定理

配第－克拉克定理是科林·克拉克（C. Clark）于 1940 年在威廉·配

第（William Petty）关于国民收入与劳动力流动之间关系学说的基础上提出的。随着经济的发展、人均收入水平的提高，劳动力首先由第一产业向第二产业转移；人均收入水平再进一步提高时，劳动力便向第三产业转移；劳动力在第一产业的就业比重将减少，而在第二、第三产业中的就业比重将增加。人均收入水平较高的国家和地区，农业劳动力所占比重相对较小，第二、第三产业劳动力所占比重相对较大；反之，人均收入水平较低的国家和地区，农业劳动力所占比重相对较大，而第二、第三产业劳动力所占比重相对较小。

2. 库兹涅茨定律

库兹涅茨（Simon Kuznets）在配第－克拉克研究的基础上，通过对各国国民收入和劳动力在产业间分布结构的变化进行统计分析，对于一国或地区产业结构变化规律又获得了新的理解与认识，称为库兹涅茨定律。其对产业结构变动特征总结为：①随着社会发展时间的推移，农业部门的国民收入在整个国民收入中的比重和农业劳动力在全部劳动力中的比重均处于不断下降之中；②工业部门的国民收入在整个国民收入中的比重大体上是上升的，但是工业部门劳动力在全部劳动力中的比重大体不变或略有上升；③服务部门的劳动力在全部劳动力中的比重基本都是上升的，然而该部门国民收入在整个国民收入中的比重却不一定与劳动力的比重一样同步上升，基本不变或略有上升。

3. 技术升级与产业链延伸

在没有新的产业形式出现的情况下，通过产业技术的不断升级而对传统产业进行改造，不断提升产业自身的质量，在某种程度上也算是一种产业升级。利用高新技术产业改造传统产业，可以催生出一些新的产业形态，如光学电子产业、汽车电子产业等。今后产业结构升级淘汰的将不再是夕阳产业，而是夕阳技术。除了技术升级外，对现有产业的价值链进行延伸，增加附加值也是产业结构升级的一种方式，如培育与现行主导产业有前向、后向和侧向联系的其他产业等。

三、产业区域分工理论

从区域分工的角度确定一个国家或地区的产业发展定位是该国或地区经济发展的客观要求。从区域角度分析某一地区在区域中的优势、劣势和发展潜力等，确定该地区在区域中所发挥的作用、扮演的角色，进而确定该地区产业类别，可以避免“就地论地”或“只见树木不见森林”的产业确定方式。一个地区的产业选择模式必然会依据协同发展观念来确定，只有这样才能实现本地优势，实现各地区共同发展。产业区域分工理论主要包括比较优势理论、新贸易理论和产业集聚理论等。

1. 比较优势理论

比较优势理论是区域或城市规划过程中产业定位比较常用的理论之一，主要包括绝对优势理论和相对优势理论。

（1）绝对优势理论

1776 年亚当·斯密在《国富论》一书中，对国际分工与经济发展的相互关系进行了系统阐述，提出了绝对优势理论。他认为不同国家或地区在不同产品或不同产业生产上拥有优势，对于相同产业来说，各国存在生产成本的差异，贸易可以促使各国按生产成本最低原则安排生产，从而达到贸易获利的目的。

（2）相对优势理论

1817 年大卫·李嘉图在《政治经济学及赋税原理》一书中以劳动价值论为基础，用两个国家、两种产品的模型，提出和阐述了相对优势理论。他指出，由于两国或两个地区劳动生产率的差距在各类商品之间是不均等的，因此在所有产品或产业生产上处于优势的国家或地区不必生产所有商品，而只应生产并出口有最大优势的商品；而处于劣势的国家或地区也不是什么都不生产，可以生产劣势较小的产品。这样，彼此都可以在国际分工和贸易中增加自身的利益。相对优势理论成为指导国家或地区参与分工的基本原则，并得到许多经济学家的进一步阐释和发展。

2. 新贸易理论

随着传统产业理论缺陷的逐步显现以及现实经济发展的不断加速与变化，美国经济学家保罗·克鲁格曼提出了新贸易理论。他认为，不同国家或地区之间的贸易，特别是相似国家或地区关于同类产品的贸易，是这些国家根据收益递增原理而发展专业化的结果，与国家生产要素禀赋差异关系不大。发展任何一种专业在一定程度上都具有历史偶然性，在不完全竞争和同类产品贸易的条件下，生产要素的需求和回报状况取决于微观尺度上的生产技术条件。生产技术的变化可以改变生产要素的需求结构和收益格局，从而影响相似要素条件下的贸易，促成同类产品的贸易。新贸易理论还认为，不完全竞争和收益递增的存在，为国家或地区采取战略性贸易政策，创造竞争优势提供了可能。比如，有一些部门规模经济（特别是外向型经济）十分突出，可以通过促进这些部门的出口和发展获得竞争优势，从而改变其在国际或区域经济中的专业化格局，向着有利的方面发展。

3. 产业集聚理论

产业集聚作为一种新的产业空间组织形式，其强大的竞争优势引起了国内外学者的广泛关注，在城市规划产业发展定位与组织中受到越来越多的重视，特别是在发展中国家和地区。产业集聚主要指以中小企业为主体，相关的企业、研究机构、行业协会、政府服务组织集结成群的经济现象，既是行为主体的一种结网、互动，又是一种市场化行为催生的产业组织模式，最基本的特征是基于分工基础上的竞争性配套与合作，具有产业链条长而且配套、内部专业化分工细、交易成本低、人才集中、科技领先、公共服务便利等优势，因此具有强大的竞争力。从产业发展定位角度来看，一个区域或城市在产业选择或引进时，应注意其与已有企业或产业之间的关联程度，是否能延伸现有产业链或提升现有产业技术水平，最终融入集群中，增强地区或城市的产业发展潜力并提升整体的产业竞争力。

四、产业发展阶段理论

1. H. 钱纳里的“标准结构”理论

美国经济学家 H. 钱纳里运用投入产出分析方法、一般均衡分析方法和计量经济模型，通过多种形式的比较研究考察了以工业化为主线的第二次世界大战以后发展中国家的发展经历，构造出具有一般意义的“标准结构”，即根据国内人均生产总值水平，将不发达经济到成熟工业经济的变化过程分为三个时期六个阶段，六个阶段分别分布在三个产业时期。具体可以概述如下：

（1）初期产业，是指经济发展初期对经济发展起主要作用的制造业部门，如食品、皮革、纺织等部门。这一产业时期可以分为两个发展阶段，即第一阶段和第二阶段：第一阶段是不发达经济阶段。产业结构以农业为主，没有或极少有现代工业，生产力水平很低。第二阶段是工业化初期阶段。产业结构由以农业为主的传统结构逐步向以现代化工业为主的工业化结构转变，工业中以食品、烟草、采掘、建材等初级产品的生产为主。这一时期的产业主要是以劳动密集型产业为主。

（2）中期产业，是指经济发展中期对经济发展起主要作用的制造业部门，如非金属矿产品、橡胶制品、木材加工、石油、化工、煤炭制造等部门。这一产业时期也可以分为两个阶段，即第三阶段和第四阶段：第三阶段是工业化中期阶段。制造业内部由轻型工业的迅速增长转向重型工业的迅速增长，非农业劳动力占主体，第三产业开始迅速发展，也就是重化工业阶段。重化工业的大规模发展是支持区域经济高速增长的关键因素，这一阶段产业大部分属于资本密集型产业。第四阶段是工业化后期阶段。在第一产业、第二产业协调发展的同时，第三产业开始由平稳增长转入持续高速增长，并成为区域经济增长的主要力量。这一时期发展最快的领域是第三产业，特别是新兴服务业，如金融、信息、广告、公用事业、咨询服务等。

（3）后期产业，指在经济发展后期起主要作用的制造业部门，如服装和日用品、印刷出版、粗钢、纸制品、金属制品和机械制造等部门。这一产业时期也可以分为两个阶段，即第五阶段和第六阶段：第五阶段是后工业化社会。制造业内部结构由资本密集型产业为主导向以技术密集型产业为主导转换，同时生活方式现代化，高档耐用消费品被推广普及。技术密集型产业的迅速发展是这一时期的主要特征。第六阶段是现代化社会。第三产业开始分化，知识密集型产业从服务业中分离出来，并占主导地位，人们消费的欲望呈现出多样性和多边性的特征。

2. 霍夫曼定理

德国经济学家 W. 霍夫曼通过对当时近 20 个国家的经济时间序列数据的统计分析，提出著名的霍夫曼定理：随着一国工业化的进展，霍夫曼比例是不断下降的。霍夫曼比例是指消费资料工业的净产值与资本资料工业的净产值之比，即霍夫曼比例 = 消费资料工业的净产值/资本资料工业的净产值。霍夫曼定理的核心思想是通过霍夫曼比例的变化可以划分工业化的发展阶段；反之工业化过程的不同阶段，霍夫曼比例也不同。具体说明如下：在工业化的第一阶段，消费资料工业的生产在制造业中占主导地位，资本资料工业的生产不发达，此时，霍夫曼比例为 5（±1）；第二阶段，资本资料工业的发展速度比消费资料工业快，但在规模上仍比消费资料工业小得多，这时霍夫曼比例为 2.5（±1）；第三阶段，消费资料工业和资本资料工业的规模大体相当，霍夫曼比例为 1（±0.5）；第四阶段，资本资料工业的规模超过了消费资料工业的规模。

我国文化产业也是经历了不同的发展阶段，从传统或初级文化产业阶段（劳动密集型）到近代或中级文化产业阶段（技术或资本密集型），直至发展到现代文化产业阶段（知识或人才密集型）。不同的文化产业发展阶段对应了不同的文化产品生产和消费模式、文化业态形式和产业发展高度。与建设社会主义文化强国、更好地满足人民日益增长的美好生活需要相比，目前我国文化产业尚存在开发深度不够、业态融合与创新能力不强、国际化程度较低、制度不完善等问题。在此背景下，创新文化产业发展模式、做大做强文化产业就尤为必要和紧迫。

五、产业组织理论

产业组织是指同一产业内生产性质相同、有替代关系产品的各企业间的组成关系或市场关系，具体包括企业间的交易关系、行为关系、资源占用关系和利益关系等。产业组织理论主要侧重于从供给侧分析单个产业内部的市场结构、企业行为和经济绩效或效率。产业组织理论正是为了解决著名的“马歇尔冲突”的难题。产业组织理论历经了两个发展阶段，第一阶段是指20世纪60年代同时出现的哈佛学派理论和芝加哥学派理论，其中哈佛学派提出的贝恩模型以主流微观经济理论的主要推论为基础，更多地重视了实证研究，将产业分解为特定的市场，并开创性地通过结构—行为—绩效即三分法对市场进行分析，强调了不同的市场结构会导致不同的企业产品定价和非价格行为，也会导致不同的经济效率。第二阶段主要是指20世纪70—80年代的可竞争市场理论。第二阶段的产业组织理论引进了更多的分析方法，包括制度经济学理论、信息理论和博弈论等。两个阶段的产业组织理论均强调采取的是局部均衡分析。

1. 哈佛学派理论（SCP范式）

哈佛学派又称为结构主义学派，其提出的贝恩模型建立了市场结构决定市场行为，特别是市场绩效的理论假定。市场结构主要涉及影响企业竞争过程的市场特征，主要强调进入壁垒条件，包括企业的规模及其分布、产品差异化程度、企业的成本结构及政府管制程度。市场行为主要包括产品定价和非价格行为。贝恩模型强调市场结构影响单个企业的经济行为，包括直接和间接影响两个方面。在直接影响方面，如企业的内部组织结构，包括用工策略、工作条件等；在间接影响方面，如企业内部资源配置及其产品定价和竞争策略。在绩效方面，主要是指通过规范的“好坏”标准对满足特定目标的经济行为的评价，包括超额利润、销售成本以及技术进步率等。结构主义学派的分析从新古典经济学的假设出发，其分析模式与传统的价格理论如出一辙。

2. 芝加哥学派理论

芝加哥学派是新制度经济学研究的主要代表，它秉承新自由主义思想，相比哈佛学派更加重视对结构—行为—绩效的理论分析。芝加哥学派认为应该从价格理论的基础假定出发，强调市场的竞争效率。芝加哥学派的主要代表人物有斯蒂格勒、德姆塞茨、波斯那、麦杰（Y. Mc Gee）等。芝加哥学派的主要理论思想范式是竞争性均衡模型，其关键是提出了在长期均衡中的资源运用的配置效率和技术效率，配置效率的条件是价格等于长期边际成本，技术效率的条件是价格等于企业长期平均成本曲线最低点，这就意味着产业的产出无论是在资本不足还是在过剩的情况下，都处于最优规模边界下。在竞争性模型中，配置和技术效率主要源于两个结构性条件——买卖双方的数目和自由进入。芝加哥学派认为市场在长期竞争过程中能够达到效率水平，反对高集中率的产业必然带来垄断租金，因此反对政府对市场的干预。斯蒂格勒从产业成长的角度，认为企业的规模和市场的集中度与产业周期和经济效率有关：在产业初期，由于市场范围狭小，产业的各环节不足以专业化分工，而由全能型企业承担，随着产业的发展、市场范围的扩大，企业内部分工转化为市场分工，到了产业成熟和衰退时期，市场范围缩小，市场分工再次转化为企业内部分工。因此，产业的集中率或企业规模分布随市场范围和产业周期变化而变动。

3. 可竞争性理论

可竞争性理论（Contestability Theory）又称为可竞争市场理论（the Theory of Contestable Markets），是形成于 20 世纪 70 年代末和 80 年代初期的产业组织理论。1982 年，威廉·鲍莫尔（William Baumol）与美国西北大学教授潘扎尔（Panzar）、普林斯顿大学教授威利格（Willig）一起出版了《可竞争市场与产业结构理论》一书，标志着系统化的可竞争性理论的形成。由于完全竞争市场理论无法解释规模经济下的效率实现问题，可竞争性理论试图解决微观经济学的这些逻辑矛盾问题，并提出完全可竞争市场作为评价产业结构和行为的新基准。在完全竞争市场理论中，大数目企业假定“预制”了企业的竞争行为，并自动从竞争部门排除了技术特性要求大规模、小数目企业才能有效经营的产业。然而，由于潜在竞争的作用，产业中的企业行为并不只取决于现有企业数量的多少。可竞争性理论通过强调潜在竞争对现有企业行为的约束，较好地解决了一直困扰微观经济理论和产业组织理论的“马歇尔冲突”问题。这一理论有效地将完全竞争的结论推广到了规模报酬递增的情况，修正了对“看不见的手”原理应用范围的传统看法。并且，由于竞争存在与否不再取决于现有企业的多少，传统寡头理论因“猜测变量”而导致的“寡头问题”也不再存在。在此基础上，可竞争性理论分析了产业结构的决定、企业行为和绩效特征。因此，在可竞争性理论中，传统主流微观经济学和产业组织理论在研究对象上的传统差别基本上不存在了，它研究可竞争市场中的所有市场结构（完全竞争、寡头和垄断）的（内生）决定、行为和绩效。

可竞争市场理论认为，在可竞争市场，市场机制的作用范围并不像传统竞争理论认为的那样，在企业很少的市场不起作用。可竞争市场是指来自潜在进入者的竞争压力对市场供给者的行为产生很大约束的市场。如果市场上企业足够多，实际竞争就足以保证市场效率，所以完全竞争市场肯定是完全可竞争市场。一个市场是可竞争的，就必定不存在严重的进入和退出障碍，从而来自潜在进入者的潜在竞争，能够起到与实际竞争一样的作用，将对市场现有企业行为产生有力的约束，保证市场效率。只要政府放松进入管制，新企业进入市场的潜在威胁自然会迫使产业内原有垄断企业提高效率，即使只有一个企业，可竞争市场仍然能够实现良好的经济效率。因此从这个角度，可竞争性理论修正了人们对竞争与管制问题的传统看法。

可竞争性理论在解决传统微观市场理论与产业组织理论分析的不一致方面迈出了重要一步，解释了规模经济状态下获取经济效率的问题。但是可竞争性理论不是无条件的，其理论前提就是可自由进出市场、无退出市场障碍和可忽略沉淀成本等，这个理论前提不能适应一切行业或产业的现实情况。因此，可竞争性理论还是一个理想模型。

产业布局是指产业在某一区域的分布形态和区域内部的结构，产业布局反映了各产业在空间分布上的结构和相互关系，产业布局状况既反映了社会经济资源的分布情况，同时也是一定时期社会经济发展的自然结果。文化产业发展布局既服从一般产业布局的发展规律，也有其自身的发展规律要求和文化产业属性特点的要求。本章作为文化产业布局篇，将概述产业布局和文化产业发展布局的基本特点、基本理论和主要内容，为进一步开展西藏文化产业布局分析打下理论基础。

第二节　产业布局理论概述

产业布局理论主要研究一国或地区的产业布局对整个国民经济的影响。一国或地区的产业发展最终要落实到一定经济区域来进行，这样就形成了产业在不同地区的布局结构。产业布局理论的研究对象主要有影响产业布局的因素、产业布局与经济发展的关系、产业布局的基本原则、产业布局的基本原理、产业布局的一般规律以及产业布局政策等。本节将介绍产业布局的概念、特点、基本理论及原则。

一、产业布局的概念与特点

（一）产业布局的概念

如上文所述，产业布局是指某一产业在某一地区范围内的地理分布与集聚情况。产业布局研究既涉及某一区域内各产业的分布比重情况，又涉及某一产业在不同地区之间的分布情况。产业布局概念包含宏观布局、中观布局和微观布局三个层次的含义。宏观层次的产业布局一般是指一国主权范围内的依据地区资源差异而实施的不同区域之间的产业布局，如我国东中西部地区的产业布局；中观层次的产业布局一般是指一国范围内某一区域的各产业的空间布局状况，如我国东部沿海地区的产业布局状况等；微观层次的产业布局一般是指某一产业的空间布局状况，如汽车制造业的产业布局状况等。不同层次的产业布局概念反映了对产业布局理解的不同视角。

（二）产业布局的特点

产业布局一般有以下三个特点：

（1）各产业的空间布局有差异性。由于各产业的经济技术要求不同，各产业在空间的区位选择也不同，从而在空间布局上呈现出不同的特征。

（2）各地区的产业布局结构有差异性。各地区根据自身不同的条件，扬长避短，发挥地区资源等优势，将形成不同的产业布局结构。

（3）各地区内部产业布局有关联性。各产业的地区布局有一定差异性，这是由产业自身特点及其需求决定的。同时，产业在某一地区的布局也需要该地区布局的其他产业的支撑和关联，使得该地区的产业能够实现协同合作。

二、产业布局的基本理论

产业布局理论是在产业布局自然发展过程中逐步形成的系列理论观点，最早起源于宏观区位选择理论，包括农业区位论、工业区位论等。区位选择理论有三个发展阶段：一是古典区位理论，强调分析单一企业或中心，以成本与运费最小为标准；二是近代区位理论，以一定区域或城市为分析对象，强调市场的扩大与优化；三是现代区位理论，以国民经济整体为对象，强调某地域经济活动的最优组织。本节将重点介绍几个有代表性的产业布局理论。

（一）农业区位选择理论

1926 年，德国学者杜能研究了德国南部平原的农业布局问题，并在《孤立国同农业和国民经济的关系》一书中提出了著名的孤立国农业圈层理论，并设计了孤立国六层农业圈。他提出农业布局的若干决定因素，一是级差地租，离中心城市越近地租越高，因而就要安排生产最必需的产品；二是运输费用，运输费用越大的产品越接近于中心城市的地区生产。杜能从地租理论出发，提出并构造了离中心城市市场距离依次排列的产业杜能环。

（二）工业区位选择理论

在21世纪初，阿尔弗雷德·韦伯（Alfred Weber）通过研究德国的钢铁工业的区位选择问题，创立了工业区位选择理论。该理论认为运输费用的高低对工业企业布局起重要决定作用，工业企业的最优布局通常应选择在运费最低点上。韦伯还考虑了其他两个影响工业布局的因素：劳动力成本和规模经济（集聚因素）。

最早德国学者龙哈德研究了工业企业布局的区位三因子，即原料、燃料和市场，三个地点构成了区位三角形，要选择成本费用最低的地点布局（如图2.1，A、B、C分别代表三个地点，P代表工业布局点）。结合龙哈德理论，对追求经济效益的工业企业而言，必须综合考虑各种区位因子。对劳动力费用在生产总成本中占很大比重的工业而言，运输成本最低点不一定是生产总成本最低点。当存在一个劳动力费用最低点时，它同样会对工业区位产生影响。

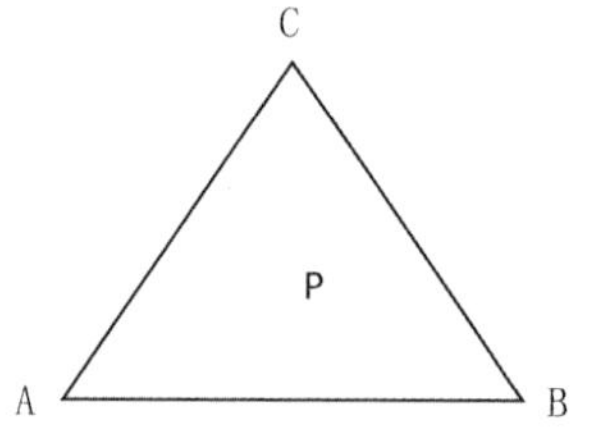

图2.1　龙哈德区位三角形图

假设工业企业布局点分别离原材料地、燃料地和市场的距离为l、m、n，企业到三地的单位距离运输费用分别为a、b、c，企业从事生产经营下总的运输成本应该是下述函数：

$$C = f(al + bm + cn)$$

其中，C 为企业运输总成本。

此外，集聚因素也是影响工业企业布局的重要因子，集聚因子包括出于技术因素的纯集聚和一般因素的社会集聚两个方面，主要是指企业规模扩大和工厂在一地区集中所带来的规模经济效益和企业外部经济效益的增长。工业企业往往聚集于某一区位，以获得各项规模效益和外部性利益。

（三）市场或成本学派理论

第二次世界大战后，由于欧洲复兴等资本主义市场经济不断恢复发展，市场经济也不断发展成熟。企业的区位选择更重视企业经济效益因素。在产业布局方面先后出现了成本主义和市场主义等理论学派。

成本主义理论学派强调产业布局是以经济成本最低为准则来确定产业的最优区位，主要代表人物是阿尔弗雷德·韦伯（Alfred Weber）、德加·M. 胡佛。胡佛更加细化了韦伯的运输成本，将运输成本细分为线路运输费用和站场费用，在此基础上对企业生产区位进行综合选择。

市场主义理论学派考虑到市场因素对产品价格影响越来越重要，产业布局必须要综合考虑各项因素尤其要充分考虑市场因素，也就是成本最低并不全意味着利润最大化，所以市场学派的观点就是将企业布局在利润最大区位。瓦尔特·克里斯塔勒（Walter Christaller）创立了“中心地理论”，该理论考虑到产业和经济的空间相互作用，认为高效的组织物品生产和流通的空间结构，必然是以城市这一大市场为中心，并由相应的多数次级市场构成相应的网络体系。德国经济学家廖什则对克里斯塔勒理论作了重要补充。

（四）增长极产业布局理论

增长极产业布局理论强调，产业布局首先要在某些点形成增长极，辐射带动周边地区产业发展。该产业布局理论一般包含增长极理论和点轴理论两种形式。该理论强调在进行产业布局时，首先要通过政府计划和重点吸引投资的方式，有选择地在特定地区和城市形成增长极，然后凭借市场机制的引导，逐步促进本地区以及周边地区的发展。此外，通过交通设施的完善，在点与点之间加强轴线的发展，就会促进一片区域的发展。由点到线、由线带面，最终促进整个区域经济的发展。

三、产业布局的影响因素

产业布局既是指某一产业在空间的分布情况，也包括某一地区的各种产业的布局选择和集聚的状况规模等方面，还可以是某一地区或区域的产业空间布局组合情况等。一定区域的产业布局状况会受到该区域的社会、经济、文化、自然以及政策等多种因素的影响，一般产业布局的影响和决定因素可以总结归纳如下。

（一）自然因素

自然因素主要是指自然资源和自然条件等。对于消耗大量原材料的制造产业来说，特别是使用易变质的原材料的制造产业，将此类产业建于原材料产地附近会大大降低运输成本；如果原材料的运输方式及成本不再是产业布局中非常重要的因素，产业布局接近消费市场则更为重要。

（二）运输因素

由于企业的区位选择关系到原材料到加工地的距离，以及企业产品到市场的距离，而这些距离直接关系到运输成本的高低，因此企业运输费用对企业的区位选择至关重要。例如，本书上述中提到的工业区位论就重点考察了企业运输费用的高低对其区位选择有重要影响。

（三）劳动力因素

劳动力作为生产要素之一，对经济发展起着重要决定作用。因此，产业布局不能不重视劳动力资源要素。劳动力要素的重要元素是劳动力数量、质量和工资费用等。劳动力要素的这些特征必然决定了产业分布的状况。

（四）集聚因素

集聚因素有两个方面，包括生产集聚即纯集聚和社会集聚等。前者是指企业集聚具有规模经济效益；后者是指某些中心城市所提供的各种齐全的基础设施和良好的服务所带来的额外好处，更有利于企业经营发展，企业往往聚集于此。同时企业集聚中心往往也是资本和劳动力流动目的地。企业集聚会产生外部有利效应。

（五）市场因素

市场因素的含义主要有三个方面：一是市场与企业的位置远近，这关系到企业产品销售时的运输费用；二是市场的规模和容量大小，这反映了市场的效率大小；三是市场等级高低，这也是反映了市场的结构和市场销售的物品种类等。市场是企业与消费者交汇之地，是企业最终实现其利益之地，因此市场因素是决定企业区位选择的重要因子。

（六）社会因素

社会因素包括政治、国防和文化因素等。其中主要有政府干预，包括不同制度的政府实行的干预政策，包含以下几个方面：

一是中央政府通过制定各种鼓励政策、开发政策，如保护关税、国有投资政策等直接刺激某一地区的社会经济发展，利用特定的自然和劳动资源开发边疆贫困地区，促进全国均衡发展。

二是各地区的产业发展鼓励吸引政策，由于各地方政府出于发展本地区经济的需要出台一系列吸引投资、开发本地经济的经济政策。由于在发展方式和具体实施措施上存在很大差异，这种不同的政策引导在实际上形成了不同的产业空间布局效果。

此外，对产业布局产生影响的因素还有经济发展中经济决策者的行为因素等。这些因素共同作用的结果产生了一定的产业布局形式和一定地区的产业结构。

四、产业布局的基本原则

产业布局原则是指一定产业在某一区域布局所遵循的基本要求和规则，或者在某一区域各产业空间分布的内在要求和组合关系的基本准则。根据产业布局原则的定义，可知产业布局一般遵循以下原则。

（一）全局原则

产业布局的全局原则，是指产业布局应该以一个国家的地域空间为界限，只能在一个国家领土的地理范围内进行产业布局的基本原则。产业布局的全局原则要求，以国家整体综合利益的最优为目标，而不是局部地区利益的最优，因此一个国家的产业布局必须要统筹兼顾。

（二）分工协作、因地制宜原则

一国或地区的国民经济各产业必须要进行分工和协作，因此各地区的产业布局在重点布局主导产业或支柱性产业部门的基础上，还要给这些产业部门布局一些相关的辅助性产业部门和生活配套服务部门，以形成一定合理的地区产业结构，只有这样才能保证主导产业部门的有效运行。此外，由于不同地区的自然、经济和社会条件的差异，在对某地区进行产业布局时，应该从该地区实际情况出发，充分发挥该地区各项优势，以促进资源有效配置。

（三）效率优先、协调发展原则

产业的发展代表一定经济的增长，因此产业布局的重要目标就是促进产业发展，这也是经济效率的直接体现，因此产业布局的第一原则就是效率原则。同时，产业布局也要考虑各个地区之间协调发展的问题，各个地区因发展条件、发展模式和发展进度也存在差异，这些都是客观存在的。在进行产业布局时，既要考虑这些客观差异，但也不要过分夸大，而要实现各地区之间协调发展和资源优化配置，以促进均衡发展。

（四）可持续发展原则

对某一地区进行产业布局必须要考虑可持续发展原则，要能长期持续发展，而不是竭泽而渔。我国提出“五位一体”发展目标，强调生态文明建设和环境保护原则，这对于产业布局来说是基本原则，是不可违背的。因此，我们在对某一地区进行产业布局时，必须要坚守“青山绿水”，坚持可持续发展原则才能赢得永久发展。

第三节　产业政策及其应用分析

本节将重点分析讨论基于产业经济理论的产业政策及其应用。产业政策是一国或地区政府根据产业发展的理论规律和实际发展条件允许而制定的产业扶持办法以及各项资源投入。从中外各国经济发展的历程来看，无论是发达国家还是发展中国家，在经济发展的一定阶段或多或少都采取过相关产业支持政策。

一、产业政策的含义及效果分析

在深入分析介绍产业政策的作用及其影响之前，有必要对产业政策的含义作出某些界定。产业政策的含义是政府根据国民经济发展的内在需求，有意识地采取措施调整产业结构和产业组织形式，以促进国家或地区工业发展，使总体供给结构与需求结构一致。产业政策包括产业结构政策、产业组织政策和产业区域布局政策等内容。促进一国或某一地区工业化可以有多种办法，其中许多内容都可以视为“产业政策”，从保护性的关税和外贸政策，到税收优惠、各种补贴、出口加工区，以及国有制等。在20世纪30年代，作为社会主义国家领头羊苏联的国家领袖斯大林采取的促进苏联工业化的办法，与韩国总统朴正熙在20世纪60年代对韩国采取的政策就完全不同。在此需要说明的是，历史上所有曾经采取的这些政策都有可能是在无意识地促进工业发展，而非有意为之。但是，苏联和韩国制定的发展政策不属于这种情形，因为两国政府在当时都明确致力于工业化发展。在其他案例中，政府是否在有意识地推动工业化，难以确定。例如，英国议会在1701年通过的《棉布法案》（*Calico Acts*）及其1721年的修正案，对英国从印度进口的棉纺织产品征收极高的关税，甚至禁止穿着以印度纺织品（棉布）制作的服装，直到1774年穿着全棉服装才成为合法的事情，而那时英国自身已经建立起了极具活力的纺织工业。对上述措施的传统解释是，18世纪的英国政府是按照错误的重商主义理论来制定政策。因此，改变现状需要思想观念上的革命，包括亚当·斯密和大卫·李嘉图等人的理论，推动这些法案在1774年最终废除。对上述措施更为实证性的解释是，英国的羊毛和亚麻产业在当时饱受印度纺织品的竞争，因而推动实施了保护法案。以上两种理论解释都没有提到，《棉布法案》与英国的工业化之间有任何联系。

不过，《棉布法案》加上1623年的《垄断条例》（*Statue of Monopolies*，该条例使英国企业难以建立国内垄断），让起初缺乏竞争力的英国棉纺织业得以在没有外国竞争的环境下发展起来。尽管我们不知道离开保护会是什么情形，但《棉布法案》提升了棉纺织业的投资回报率，并且极大地促进了对该产业的投资，进而引发了英国工业革命。

产业经济学以及发展经济学研究中对产业政策的作用有多种研究方法，20世纪40—50年代的早期研究把经济发展同工业化联系起来，认为由于存在各种市场失灵，贫困国家不能自然而然进入起飞阶段，因此需要政府发挥重要作用，利用产业政策来促进工业化。学术界代表人物有罗森斯坦－罗丹（Paul Rosenstein－Rodan）、缪尔达尔（Karl Gunnar Myrdal Myrdahl）、拉格拉·纳克斯（Ragne Nurkse）和阿尔伯特·赫希曼（Albert Hirschman）等人。其中一派强调动态比较优势，建议在一段时期内封闭国内经济，以培育出有国际竞争力的工业部门，倡导者为英国经济学家汉斯·辛格（Hans Singer）和拉美著名经济学家劳尔·普雷维什（Raúl Prebisch）。劳尔·普雷维什曾提出了著名的“贸易条件恶化论”和“中心—外围”理论，对发达国家和贫困国家的不平等贸易及其影响作了深入分析。因此，在普雷维什理论的影响下，亚洲、非洲和拉丁美洲的许多发展中国家在推进工业化中采取了一种进口替代战略。另外一个学派的代表安妮·克鲁格等人认为（Anne Kruger，1993），产业政策并未发挥作用也不能发挥作用，因为政府失灵总是比市场失灵更严重。我们不能指望利用产业政策或者其他任何政策干预来解决经济发展问题，而应注重创建自由市场和守夜人性质的政府。这些研究文献恰当地列举了某些发展中国家极为失败的产业政策案例，可是关注点失之偏颇。此外，政府失灵总是比市场失灵更为严重的理论，似乎主要是出于意识形态的考虑，而非基于理论和实证推导。此类观点尽管对 20 世纪 80 年代的发展组织产生了极大影响，但从长期来看难以服众。其中最为激烈的反驳意见来自对“东亚奇迹”的一系列重要观点（包括 Johnson，1982；Amsden，1989；Wade，1990；World Bank，1993）。这些研究都把成功的产业政策视为日本、韩国和中国台湾在“二战”后取得巨大发展成就的核心因素。与其他许多研究类似，它们立足于公共选择理论，或多或少地认为市场失灵总是比政府失灵严重，而产业政策是促进经济增长的强大工具。这套理论很大程度上左右了世界银行在 1992 年发表的著名报告。上述研究中所分析的成功案例令人印象深刻，然而失败的政策案例同样如此。这些案例分析表明两种极端看法都存在缺陷。

综合上述，产业政策有时能发挥作用，有时不能，一个明显差别在于，不同国家实践中采纳的产业政策的类型相差悬殊。例如，拉丁美洲采纳的是进口替代的工业化政策，把本国市场封闭在国际竞争之外。而韩国和中国台湾的模式则是通过激励设计来鼓励出口产业的发展，当然本地市场也确实受到了保护。

对产业政策选择差异的另一种解释来自美国国际政治经济学家罗德里克（Rodrik，2007），他的基本观点是产业政策具有极大的潜力，但不存在可以通用的一种模式。要成功促进经济发展，产业政策必须根据各国的特定环境和制度加以选择调整。按照这个观点，不同国家采纳相同的政策可能出现相差很大的结果，因为它们有着不同的市场失灵环境。为什么某些国家能根据其市场失灵环境采纳适合的政策，而其他某些国家不能呢？主要原因在于对约束边界的认识并不清楚。

产业政策可以是社会所需要的，并有可能促进经济增长和发展。某些重要的案例能支持这个说法，若干国家的产业政策发挥了有益作用，当然也有若干国家遭受失败，成败原因在于采纳产业政策的不同国家的政治环境。与任何对社会有益的政策一样，产业政策未必是政治均衡的结果，即使能推出产业政策，也未必能采取理想的形式。例如，某些国家的政策更多关注收入再分配或政治权力巩固，而非促进经济增长。所以，那么多非洲国家在 20 世纪 60 年代的产业政策遭遇失败，这一地区的其他经济政策也普遍非常糟糕是出于同样的原因，即各种政策的目标是为了维护政治权力，与促进经济增长往往存在冲突。这些非洲国家以及程度较轻的拉丁美洲国家，同东亚国家的区别在于，它们的政治均衡格局完全不同，东亚的地缘政治和历史环境非常独特。如果这种政治经济学视角成立，那就需要从新的思路来看待产业政策。仅仅提出好的经济政策是不够的，我们必须考虑这些好建议如何能被掌握政治权力的群体自愿采纳。

因此，在选择实施产业扶持政策的同时，必须要考虑其所处的政治经济和社会环境，要确保产业政策的有效性、可执行性和一致性。我们在对少数民族贫困地区实行产业扶贫政策时，也必须考虑其适应性和影响力。既不能揠苗助长，也不能止步不前、照猫画虎，更不能一味输血式发展，而忽略产业基础发展。总之，要深刻吸取产业政策成功和失败案例的经验和教训，唯有如此，才能充分发挥产业扶贫政策的引导和促进经济增长作用。

二、产业政策的政治经济学

根据前文所述，产业政策可能发挥作用，也可能遭遇失败。区别在于实施政策的机构的目标和行动，而这些是由一定的政治体制决定的。与其他因素相比，如约束边界和思想观念的差异，政治因素对产业政策成败的影响似乎要大得多。要真正解释产业政策的不同结果，必须深入剖析这些政治因素。例如，中国台湾和加纳的哪些政治因素导致了不同的结果？为什么它们的政治均衡差异如此之大，可以决定产业政策实施的成败？对于这些问题，已经有学者作出了重要的研究，包括美国经济学家韦德等人（Wade，1990；Haggard，1990；Evans，1995）。

本书在此首先简要介绍一下内生政策理论（更详细的内容可以参考Acemoglu、Johnson and Robinson，2005），在此基础上引用相关国家产业或经济政策案例来加以分析。经济政策或产业政策（以及同样是集体选择结果的更普遍的经济制度）通过影响生产要素的集聚对经济增长有重要作用，因为这些政策和制度影响着社会上的主要经济参与者的激励，特别是对物质资本、人力资本及技术的投资，以及生产的组织。经济政策非但决定着总体的经济增长潜力，而且会影响未来的资源分配。换句话说，它们不仅影响总收入的规模，还关系到收入如何在社会不同群体和个人之间进行分配。经济政策是内生决定的，来自社会的集体决策，无法保证社会上所有个人和群体都赞成同样的政策组合，因此在经济决策的选择上存在利益之争。在此情形下，社会上的政治权力格局将决定选择何种经济制度，有更大政治权力的群体将确保推行自己赞成的经济政策组合。

同时，社会上的政治权力格局也是内生决定的。根据阿西莫格鲁等人的理论（Acemoglu and Robinson，2006），可以把政治权力分为两个部分：法定政治权力（制度）和实际政治权力。法定政治权力代表社会的政治制度所赋予的各种权力，政治制度决定了政治生活中主要参与者的约束条件和激励机制。政治制度包括政府的组织形式，例如，民主制还是独裁制、对政治家和政治精英的约束程度等。此外，还存在超出政治制度规定的政治权力。某些人群即使没有被政治制度（如宪法的规定）赋予权力，但仍然可能掌握政治权力，他们可以起义、拿起武器、雇用士兵、与军队结盟，或者采用有经济破坏力但基本上是和平的抗议来向社会宣扬自己的主张。因此，把此类政治权力视为实际政治权力，它有两方面的来源。一方面，这种权力取决于相关人群解决自身集体行动问题的能力，也就是在其个体成员可能搭便车的情况下，如何确保大家团结行动。另一方面，这种权力取决于相关人群掌握的经济资源，它影响着这些人利用或滥用现有政治制度的能力，以及招募和借助武装以对抗其他人群的能力。

法定政治权力和实际政治权力的组合，决定了各个人群的真实权力和利益格局，进而决定了选择怎样的经济政策。这种观点强调，今天的掌权者所作的决策不仅是为了目前的收益最大化，还致力于长期维护其政治权力。这些目标之间往往存在冲突，原因可能很简单，例如，某些经济政策尽管能增加现有政治精英群体的收入，但同时也会让反对派的收入增加更多，这样将会影响未来的实际政治权力分配。贝茨在一篇开创性研究中指出（Bates，1981），好的经济政策可能不是好的政治选择，例如，虽然提供公共品能增加政治精英群体的收入，但利用再分配手段来扶持支持者、打压反对派，可能更有利于维护现有的统治。

如果产业发展是政治均衡的内生产物，那么在何种条件下政治均衡将有助于推动产业发展？如果促进产业发展能提高经济效益，可以形成帕累托改进，那么在任何政治制度下，任何类型的政治领导人都可以有动力来采纳。例如，惠特曼认为在民主制度下，政治竞争总能产生有效率的政策

(Wittman, 1989)。不过该观点遭到了阿西莫格鲁的有力反驳（Acemoglu, 2003），而且他举出的案例并不属于上文提到的大多数非民主国家的情况。正如上文所述，这种看法的问题在于，工业化肯定会破坏现有的政治权力格局，中国台湾和韩国的历史就是证明。

这些观点意味着，只能间接受益的人不太可能去推动工业化，但此判断能否成立需要结合具体环境。例如，韩国和中国台湾都经历过日本统治的殖民历史，在工业化方面有比较多的经验。当两地政府在 20 世纪 60 年代促进工业发展时，有企业家资源和操作经验。另外韩国和中国台湾有着深厚的官僚政治传统，在政策的制定和监督上发挥着重要作用。虽然说这样的操作必须得到政治家们的允许，但这种能力的存在显然能影响政策的成败，从而改变政治家们的激励。韩国和中国台湾还有较为丰富的人力资本。这些条件表明，促进产业发展的政策有很大机会成功，其他国家如果有同样条件也会鼓励政府采纳类似的政策。

除帮助产业政策发挥巨大作用的上述因素外，还有其他因素可以缓和经济发展带来的政治不稳定。日本和韩国都是长期巩固、独立的政治实体，中国台湾在 1949 年后与大陆存在对立，但在语言文化上仍血脉相连。另外，这些社会都处于高度平均状态，部分原因是农业改革、较低的不平等程度、团结稳固的社会形态，使得当政的政治精英能推行快速工业化，不至于面临剧烈的权力挑战（Acemoglu and Robinson, 2006）。

如果间接利益不足以推动产业发展，那么回到光荣革命的例子，成功的工业化政策需要能直接从工业化中受益的群体掌握政治权力。这正是平克斯（Pincus, 2009）对英国辉格党联盟的看法，他认为辉格党的许多政治领袖有自己的工厂和新兴企业，他们支持能提升自己资产价值的政策。

这种看法虽然有道理，但并不全面。正如亚当·斯密所述，这是因为对商人来说垄断是最有吸引力的事情之一。光荣革命的关键之处在于它是在 1623 年的《垄断条例》通过后发生的，该法案导致很难在英国国内建立垄断。因此，受到《棉布法案》保护的羊毛和亚麻纺织业不能阻止国内棉纺织业的兴起。还有，获得政权的辉格党政治家们在 1688 年革命后也不能建立自己的国内垄断企业。

阿根廷的工业化历史可以为上述观点提供很好的佐证。我们需要认识到，阿根廷和其他拉丁美洲国家的政策转向促进工业化，是新的政治联盟结成后的内生反应，也是为了提供收入再分配，维护其统治。在 20 世纪 30 年代的拉丁美洲，外贸条件发生了巨大变化，导致资源分配向相对价格提升的城市和工业部门倾斜。这一冲击加上许多国家民主参与度的扩大，使城市和工业人群的势力大为增强，随之兴起了进口替代的发展模式。

过了一段时间后，政策反应开始出现，其背景正是变化中的经济和政治版图所催生的新兴政治运动和党派。在巴西，其标志是格图里奥·巴尔加斯（Getúlio Vargas）的崛起和新国家体制（Estado Novo）在 1937 年的建立。秘鲁是德拉托雷（Víctor Haya de la Torre）领导的阿普拉党（APRA）的兴起。还有拉扎罗·卡德纳斯（Lázaro Cárdenas）在 1934—1940 年担任墨西哥总统，以及阿根廷的胡安·贝隆（Juan Perón）于 1943 年后的兴起。

虽然这些新兴政治势力促进了工业发展，但对于此类政策的理解，还是应关注到它们对于新的执政者有直接的好处。有学者这样总结阿根廷实施的贝隆主义经济政策（Gerchunoff，1989），“并不存在特定的和统一的贝隆主义经济政策，更不用说长期发展规划，尽管官方文件中谈到了规划，但首要（甚至唯一）目标却是……能够保证新的分配模式的经济秩序”。产业政策是存在的，因为这符合那些制定经济政策的群体的利益，这些政策的形式虽然不像 20 世纪 60 年代的加纳那么糟糕，但是却并不符合社会效益的目标，也没有给促进快速工业化创造必要的激励机制。其他学者也赞成上述判断，认为“贝隆主义政策反映出，政府并不那么关心工业化，而是注重增加民众和新兴企业家的实际消费、就业和经济安全的民族主义与民粹主义政策，为实现这些目标，甚至不惜牺牲资本积累和经济的转型能力”（Díaz Alejandro，1970）。还有，“主要问题在于，从经济效率角度来看的最优政策（如自由贸易）会导致收入分配有利于数量最为丰富的生产要素（如土地）的所有者，也就是说，会强化传统精英群体的地位……但长期效率和受欢迎的收入分配只能靠完善的财政体制来协调，这不是很容易做到的”（Díaz Alejandro，1970）。

通过光荣革命与贝隆革命的对比，我们看到后者欠缺《垄断条例》。上述讨论还指出了东亚经济体与拉丁美洲或非洲的一个重大环境差异，东亚各经济体都不存在反对工业化或者受城市剥夺的强大乡村利益集团。新加坡和中国香港没有什么农村腹地，日本、韩国和中国台湾则通过农业改革剥夺了农村精英群体的传统权力。

为什么英国制定了《垄断条例》，而阿根廷没有。这个差别与不同国家的制度发展历史有很深的渊源。拉丁美洲国家在 20 世纪 30—40 年代的政策选择是殖民地时代以来制度形成过程的路径依赖的结果（Engerman and Sokoloff，1997；Acemoglu、Johnson and Robinson，2001）。殖民地社会所建立的经济制度是为了从当地人和奴隶那里产生和榨取租金，以社会发展为代价，为极少数精英群体服务，造成了严重的不平等局面。

拉丁美洲在 20 世纪 30 年代所形成的政治联盟及其采纳的政策，与关注租金产生和榨取的制度史存在高度的路径依赖关系。历史上形成了垄断和高度仆从性质的政治策略，成为以前的寡头体制的延续。英国的制度形成路径与之大不相同，中世纪后期到现代初期的一系列冲击和结构变化又使社会权力平衡急剧改变，不仅让各种利益群体获得了更大权力，而且形成了一系列实际和法定的权力制衡机制，从而产生了《垄断条例》等政策措施（Acemoglu、Johnson and Robinson，2005；Pincus，2009）。

东亚国家成功促进工业发展同样是历史发展路径的结果。前文已强调某些结构因素影响了产业政策对政治精英群体的成本和收益，此处还要增加一个因素。韩国和中国台湾都曾经是日本的殖民地，在国防现代化上受到了日本的影响，这是后者自明治维新以来为避免自己成为西方殖民地所高度重视的。孙中山和1949年后来到中国台湾的国民党人同样关注这个目标。韩国和中国台湾脆弱的国际地位，及其与朝鲜和中国大陆的激烈竞争，也强烈地促使其领导者鼓励工业发展。这些因素使它们不可回避地要发展强大的工业部门。

以上对历史发展经验的阐释表明，失败的产业政策乃至各种糟糕政策都是错位的政治激励的后果。因此，成功促进工业化要求改变政治均衡格局，以便使掌握政治权力的群体与社会实现激励相容。对产业政策的新研究指出这可以通过部分改变政治制度来实现，或者通过社会实际权力平衡的内生变化来实现。东亚国家成功推行产业政策的历史就表明这一地区在历史上出现了特殊的政治均衡格局，与拉丁美洲或撒哈拉以南非洲国家迥然不同。

由上述分析可见，发展路径的历史根源以及产业政策的内生特性，使它们难以因为简单的政策建议而改变。本书的分析已明确指出，这些国家的历史经验与很多独特的因素有关。促进工业发展的产业政策要求对社会的政治均衡、经济参与者及其利益关系、政治制度、实际与法定的政治权力格局，以及这些因素组成的综合局面有深入理解。在做到这点之后，可以有多种途径来促进工业发展。例如，增强在工业发展上有既得利益的群体的力量；通过完善政治制度来引入更激烈的政治竞争，以产生更有社会效率的政策；建立有效政治均衡的另一种办法是在内部发挥作用，给现有的政治精英群体创造调整政策的激励等。通过上述对东亚发达经济体以及拉丁美洲等国家不同国别体制产业政策应用效果的分析，可以明确产业政策运用的决定机制、条件及其基本原理，为发展中国家及地区进一步有效制定实施产业政策奠定了前提基础。

中华人民共和国成立后，充分发挥了产业政策的作用，成功实现了社会主义改造，全面建立了国民经济产业体系和基础工业化。改革开放以后，利用全球化的发展契机和有效的产业政策支持，我国成功实现了经济起飞，进入中等收入国家行列，成为全球第二大经济体。我国的经济和产业政策取得了巨大成功，充分说明了我国建立中国特色社会主义制度的优越性。我国的政治均衡正是中国共产党领导下的人民民主和民主集中制，这一体制体现了公平和效率。在这一体制下制定的产业政策能够有效实现人民的利益和促进资源有效配置以及社会经济发展，同时也是我国“四个自信”的生动体现。

三、产业政策应用原则及条件

从上一节对产业政策选择实施的效果分析可知，产业政策既可以促进经济增长，也可以为了其他社会目标而阻碍经济增长。产业政策是否能发挥促进经济增长的作用，取决于多项因素的共同作用。因此，在制定和实施产业政策之前，必须要全面考虑市场因素、贸易环境和社会政治环境等。本书在此全面总结归纳了正确运用产业政策刺激经济增长的基本原则和应用条件。

（一）产业政策的基本原则

产业政策的基本原则是指在运用产业政策促进经济增长时要遵循的基本原则。产业政策应用原则包括以下五项原则。

1. 指导性原则

产业政策作为一国或地区政府促进和引导经济发展的重要政策手段，必须要对该国或地区的经济活动具有指导作用，这也是产业政策自身的属性所决定的。产业政策引导和决定了一国或地区的产业发展结构，从而引导经济活动主体的发展方向。这是在酝酿制定产业政策时必须要遵循的首要原则。

2. 适用性原则

适用性原则是指产业政策的制定必须要适应一国或地区的经济环境、政治和社会环境等，而不是制定一个千篇一律的普适性或通用性的产业政策。根据上一节的分析可知，某一项产业政策在不同国家的实施结果差异巨大。因此，在运用产业政策促进经济增长时，必须要考虑该产业政策的适用性，否则会事与愿违。

3. 动态性原则

动态性原则是指一国或地区的产业政策随着时间的延续或社会技术发展水平的变化而呈现动态变化的原则。一国或地区由于所处历史阶段的不同以及产业发展形态阶段的不同，其相应的产业政策也会不同。例如，一个国家处于农业社会阶段和工业社会阶段，其产业政策必然迥然不同。此外，由于各国经济发展的阶段、文化与历史条件、国际环境及政治经济形势的不同，因而在各个国家的产业政策也相差很大。产业政策的制定必须充分考虑产业政策所处的历史现实和经济发展阶段。

4. 协调性原则

协调性原则是指产业政策的制定必须要考虑到产业政策各部分之间、产业政策与市场机制之间、产业政策与其他宏观经济政策之间、产业政策与经济发展目标之间、产业政策与国民经济发展阶段之间的配合、支撑和互补关系，不能形成冲突关系。产业政策是一个多方面、多层次的政策体系，其制定和实施要依据整体观念和思维，要求政策的各个方面相互配套、相互协调。以产业政策为导向，加强宏观控制，指导市场发育，协调各方面行动，逐步缓解总需求与总供给、消费结构与产业结构的矛盾。同时，要妥善处理好重点产业与一般产业协调发展的关系、处理好生产要素存量调整与增量配置的关系、处理好产业总体配置与市场机制在资源配置过程中发挥着基础性作用的关系等。

5. 关联性原则

关联性原则是指产业政策的制定要与市场、生产要素以及产业形态等紧密关联。把发挥市场在资源配置中的决定作用同产业政策的引导作用结合起来，才能进一步促进经济资源的有效配置，进而促进经济增长。大多数竞争性产业的发展，主要应由市场需求和竞争机制去引导，政府的责任主要在于制定市场准入规则和规范市场竞争秩序。因此，产业政策的重点应当是对关系国民经济全局和国家战略利益而市场作用有限的少数产业实行扶持和产业保护。综合上述，政府制定的产业政策必须与市场紧密关联、与产业形态紧密关联、与生产要素资源以及技术水平紧密关联。唯有如此，才能有效发挥产业政策的引导和促进作用。

（二）产业政策的应用条件

在制定产业政策时，除了要遵循和考虑上述应用原则外，对于产业政策的应用条件也必须同时兼顾。产业政策应用条件是指一国或地区在实施某项产业政策时所必须具备的基本前提条件。产业政策实施的应用条件有以下几个方面。

1. 产业政策的实施环境

产业政策的实施环境是指产业政策实施时其所处的外部环境，包括社会经济发展阶段、市场机制状况、市场资源状况和政治环境等。产业政策正是通过其与外部环境的互动作用、相互影响才能发挥其引导和促进经济增长的作用。只有具备恰当的实施环境，产业政策才能实现理想的政策目标。

2. 产业政策的完善性

产业政策的完善性是指政府制定的产业政策自身内容体系完整，产业政策各子部分之间互相配合协调而不会相互冲突或矛盾。完善的产业政策是产业政策实施的必要前提，也是有效实现经济发展目标的重要基础。因此，政府在制定实施产业政策时，必须要反复验证和推演，确保产业政策内容体系完整、协调，不会出现自相矛盾的现象。

3. 产业政策要与其他宏观经济政策协调

产业政策是政府制定的实现产业发展目标的经济政策，包括产业结构目标、产业形态目标和产业布局目标等。除了产业政策之外，其他宏观经济政策还包括货币政策、财政政策和收入政策等。这些宏观经济政策目标不尽相同，甚至会有一定冲突和抵触作用。例如，货币政策主要目标是避免或减轻通货膨胀，而财政政策主要目标是促进经济增长和避免经济波动太大影响社会稳定等，这两种政策的目标有一定的抵消作用，与我们理想的低通胀高增长状况相差甚远。产业政策要与这些宏观经济政策保持协调，这有利于社会经济的稳定发展。例如，产业政策与货币政策协调一致，有利于产业结构的稳定调整；产业政策与财政政策协调一致，会使产业升级顺利进行。

4. 产业政策有利于技术进步和发展

产业政策的最终目标是促进经济增长，而当代实现经济增长目标的基础是技术更新和进步。因此，政府制定的产业政策必须要有利于技术发展和更新。产业政策制定的前提是要和技术发展的条件一致。唯有如此，才能使产业政策与技术发展保持同步。

第四节　产业发展效率实证分析

一、产业发展效率概念及其分析

效率（efficiency）是在给定投入和技术等条件下、最有效地使用资源以满足设定的愿望和需要的评价方式，是指对于有限资源（如原材料、人力、资金等）的最佳分配方法。产业发展效率是资源利用程度及投入产出效果的直观反映，坚持产业结构优化的效率变革导向，就是要通过产业结构优化提高企业效率、坚持绿色发展、优化资源配置。产业发展效率包括全要素生产率、资源配置效率、综合技术效率、纯技术效率和规模效率等。

全要素生产率一般的含义为资源（包括人力、物力、财力）开发利用的效率。从经济增长的角度来说，生产率与资本、劳动等要素投入都贡献于经济的增长。从效率角度考察，生产率等同于一定时间内国民经济中产出与各种资源要素总投入的比值。从本质上来讲，它反映的是某个国家（地区）为了摆脱贫困、落后和发展经济在一定时期里表现出来的能力和努力程度，是技术进步对经济发展作用的综合反映。全要素生产率是用来衡量生产效率的指标，它有三个来源：一是效率的改善；二是技术进步；三是规模效应。在计算上它是除去劳动、资本、土地等要素投入之后的“余值”，由于“余值”还包括没有识别带来增长的因素和概念上的差异以及度量上的误差，它只能相对衡量效益改善技术进步的程度。

生产管理中的经济效率是指在一定的资源条件下可以实现的最佳经济成果或效益。经济效率包含两个部分：一个是技术效率，另一个是资源配置效率或分配效率。资源配置效率是指资源在不同行业或部门间分配所产生的效益差别，其中实现最大效益的资源配置方式就是实现资源配置效率。另一个效率即技术效率，经济学意义上的技术效率是指投入与产出之间的关系，指在既定的投入下实现了产出最大化，或者在生产既定的产出时实现了投入最小化。技术效率的概念最早是由英国经济学家法瑞尔（Farrell，1957）提出来的。他从投入角度给出了技术效率的定义，认为技术效率是指在相同的产出下生产单元理想的最小可能性投入与实际投入的比率。莱本斯坦（Leibenstein，1966）从产出角度认为技术效率是指在相同的投入下生产单元实际产出与理想的最大可能性产出的比率。上述技术效率还可以细分为两个组成部分，公式表示为：技术效率 = 纯技术效率 × 规模效率。纯技术效率是指一般由于管理和技术等因素影响的生产效率，规模效率是指由于生产规模因素影响的生产效率。

明确地考虑多种投入（资源）的运用和多种产出（服务）的产生，能够用来比较提供相似服务的多个服务单位之间的效率，这项技术被称为数据包络线分析（DEA）。它避开了计算每项服务的标准成本，因为它可以把多种投入和多种产出转化为效率比率的分子和分母，而不需要转换成相同的货币单位。因此，用 DEA 衡量效率可以清晰地说明投入和产出的组合，它比一套经营比率或利润指标更具有综合性并且更值得信赖。通过对一个特定单位的效率和一组提供相同服务的类似单位的绩效的比较，它试图使服务单位的效率最大化。在这个过程中，获得 100% 效率的一些单位被称为相对有效率单位，效率评分低于 100% 的单位被称为无效率单位。因此，可以运用 DEA 来比较一组服务单位，识别相对无效率单位，衡量无效率的严重性，并通过对无效率和有效率单位的比较，发现降低无效率的方法。

第一个 DEA 模型是由查恩斯、库珀和罗德斯（Charnes、Cooper and Rhodes，1978）提出的，又称为 CCR 模型。后来班克尔、查恩斯和库珀（Banker、Charnes and Cooper，1984）修改了 CCR 模型中规模收益不变的假定，改为规模收益变动的情形，称为 BCC 模型。规模效益不变的情形如下图 2.2 所示。

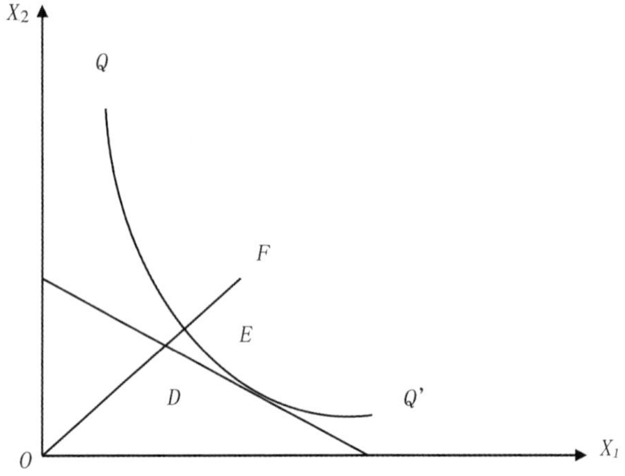

图 2.2　投入产出各类效率关系示意图

在图 2.2 中，X_1、X_2是两种要素投入，对应一种产出，QQ’是等产量线。DEA 模型中，决策单位的相对效率在（0，1）区间内分布，处于效率前沿的决策单位效率值为 1。DEA 能计算分配效率（OD/OE）和技术效率（OE/OF），后者又可分解为规模效率（scale efficiency）和纯技术效率（pure technical inefficiency），分配效率和技术效率的乘积为总经济效率（OD/OF）。各个模型均有投入导向（Input - oriented）和产出导向（Output - oriented）

两种计算形式，模型可设定为规模收益不变（CRS）和规模收益可变（VRS）。产出导向的DEA模型设定为给定一定量的投入要素，求取产出值最大。反之，投入导向的DEA模型是指在给定产出水平下使投入成本最小。发展到目前为止，DEA模型有CCR、BCC、CCGSS、CCW、CCWH等形式，其中最具代表性的DEA模型有CCR、BCC、FG和ST模型。其中，FG模型假定规模收益非递增，ST模型假定规模收益非递减。

二、产业发展效率的实证分析

1978年由著名的运筹学家查恩斯（A. Charnes）、库珀（W. W. Cooper）和罗兹（E. Rhodes）提出了一个被称为数据包络分析（Data Envelopment Analysis，简称DEA）的方法，来评价部门间的相对有效性（因此被称为DEA有效）。他们提出的第一个模型被命名为CCR模型。这一模型是基于凸分析、线性规划和生产函数理论，用来研究具有多个输入特别是具有多个输出的“生产部门”，同时为“规模有效”与“技术有效”的十分理想且卓有成效的方法。1984年班克尔（R. D. Banker）、查恩斯（A. Charnes）和库珀（W. W. Cooper）给出了一个被称为BCC的模型。此外，1985年查恩斯（A. Charnes）、库珀（W. W. Cooper）、格拉尼（B. Golany）、赛福德（L. Seiford）和斯图茨（J. Stutz）给出了另一个模型（称为CCGSS模型）。这两个模型是用来研究规模收益变化情况下的生产部门之间的“技术有效”性。1986年查恩斯（A. Charnes）、库珀（W. W. Cooper）和魏权龄为了进一步地估计“有效生产前沿面”，利用查恩斯（A. Charnes）、库珀（W. W. Cooper）和柯塔尼克（K. Kortanek）于1962年提出的半无限规划理论，研究了具有无穷多个决策单元的情况，给出了一个新的数据包络模型——CCW模型。1987年查恩斯（A. Charnes）、库珀（W. W. Cooper）、魏权龄和黄志民又得到了称为锥比率的数据包络模型——CCWH模型，这一模型可以用来处理具有过多的输入及输出的情况，而且锥的选取可以体现决策者的“偏好”，可以对决策单位的效率进行排序和评价。

上述各模型基本采取分数规划形式，模型所需变量以及目标函数设定如下。

（一）定义变量

设 h_j（j=1，2，…，n）为第 j 个单位的效率比率，n 代表评估单位的总数。

设 u_r（r=1，2，…，l）为第 r 种产出的系数，l 代表所考虑的产出种类的总数。变量 uj 用来衡量产出价值降低一个单位所带来的相对的效率下降。

设 v_i（i=1，2，…，m）为第 i 种投入的系数，m 代表所考虑的投入种类的总数。变量 vi 用来衡量投入价值降低一个单位所带来的相对的效率上升。

设 y_{rj}为一定时期内由第 j 个服务单位所创造的第 r 种产出的实际数量。设 x_{ij}为一定时期内由第 j 个服务单位所使用的第 i 种投入的实际数量。

（二）目标函数

目标是找出一组伴随每种产出的系数 u 和一组伴随每种投入的系数 v，从而给被评估的决策或服务单位最高的可能效率。目标函数也是一个效率指数。目标函数一般设定为如下公式形式：

$$h_j = \frac{\sum_{r=1}^{l} u_r y_{rj}}{\sum_{i=1}^{m} V_i x_{ij}}$$

h_j为效率指数，它是反映第 j 个决策单位 DMU_j的效率大小。h_j越大，说明决策单位 DMU_j能够以较少的输入获得较大的输出。

（三）Charnes—Cooper 变换

由于 DEA 模型最初设定模式是一个分数规划，不便于分析；通过实行 Charnes—Cooper 变换可以得到一个等价的线性规划，即执行以下变换：

$$t = \frac{1}{v^T x_{j0}}, \omega = tv, \mu = tu$$

可以得到

$$\mu^T y_{j0} = \frac{u^T y_{j0}}{v^T x_{j0}}$$

$$\omega^T x_{j0} = 1,$$

$$\omega \geqslant 0, \mu \geqslant 0.$$

另外，如果选择恰当的权系数 u 和 v，可以得到以下约束条件：

$$\frac{\mu^T y_j}{\omega^T x_j} = \frac{u^T y_j}{v^T x_j} \leqslant 1, j = 1, 2, \cdots, n.$$

即这个函数满足这样一个约束条件，当同一组投入和产出的系数（u_r 和 v_i）用于所有其他对比决策单位时，没有一个决策单位将超过 100% 的效率或超过 1.0 的比率。

1. CCR **模型设定（规模不变）**

$$\max h_{j0} = \frac{\sum_{r=1}^{l} u_r y_{rj0}}{\sum_{i=1}^{m} V_i x_{ij0}} = \mu^T y_{j0} = V_p$$

$$s.t. \frac{\sum_{r=1}^{l} u_r y_{rj}}{\sum_{i=1}^{m} V_i x_{ij}} \leqslant 1, \ j = 1, \ 2, \ \cdots, \ n$$

$$u \geqslant 0, \ v \geqslant 0.$$

其对偶模型为：

$$\min\theta$$

$$s.t. \sum_{j=1}^{n} X_j \lambda_j \leqslant \theta X_{j0}, \ j = 1, \ 2, \ \cdots, \ n$$

$$\sum_{j=1}^{n} Y_j \lambda_j \geqslant Y_{j0},$$

$$\lambda_j \geqslant 0, \ j = 1, \ \cdots, \ n.$$

最优解定理：若上述线性规划的最优解 ω^0，μ^0 满足 $V_P = \mu^{0T} y_{j_0} = 1$，则称决策单位 j_0 为弱 DEA 有效（CCR）；若还存在 $\omega^0 > 0$，$\mu^0 > 0$，则称决策单位 j_0 为 DEA 有效（CCR）。

2. BCC **模型设定（规模可变）**

Banker（班克，1984）考虑到某些问题不满足规模不变的假设，提出了在规模收益可变情形下的 DEA 模型，称为 BCC 模型。该模型可以用于评估决策单位的技术效率。模型设定如下：

$$\begin{cases} \max \mu^T y_{j_0} + \mu_0 \\ s.t.\ \ \omega^T x_j - \mu^T y_j - \mu_0 \geqslant 0,\ j = 1, \cdots, n. \\ \omega^T x_{j_0} = 1 \\ \omega \geqslant 0, \mu \geqslant 0 \end{cases}$$

其对偶模型为：

$$\begin{cases} \min \theta \\ s.t.\ \ \sum_{j=1}^{n} x_j \lambda_j \leqslant \theta x_{j_0} \\ \sum_{j=1}^{n} y_j \lambda_j \geqslant y_{j_0} \\ \sum_{j=1}^{n} \lambda_j = 1 \\ \lambda_j \geqslant 0, j = 1, \cdots, n. \end{cases}$$

上述模型设定是面向输入的设定方式，即决策单位在投入一定的情况下，如何实现最大产出；反之，在产出一定情况下，实现投入最小化的模型即为投入或输入导向型模型设定。具体如下：

$$\begin{cases} \min \omega^T x_{j_0} - \mu_0 \\ s.t.\ \ \omega^T x_j - \mu^T y_j - \mu_0 \geqslant 0, j = 1, \cdots, n \\ \mu^T y_{j_0} = 1 \\ \omega \geqslant 0, \mu \geqslant 0 \end{cases}$$

其对偶模型为：

$$\begin{cases} \max z \\ s.t.\quad \sum_{j=1}^{n} x_j \lambda_j \leqslant x_{j_0} \\ \sum_{j=1}^{n} y_j \lambda_j \geqslant z y_{j_0} \\ \sum_{j=1}^{n} \lambda_j = 1 \\ \lambda_j \geqslant 0, j = 1, \cdots, n. \end{cases}$$

对于输出导向的 BCC 模型，其最优解定理为：若上述线性规划的最优解 ω^*，μ^*，μ_0^* 满足 $V_P = \mu^{*T} y_{j_0} + \mu_0^* = 1$，则称决策单位 j_0 为弱 DEA 有效（BCC）；若还存在 $\omega^* > 0$，$\mu^* > 0$，则称决策单位 j_0 为 DEA 有效（BCC）。

对于输入导向的 BCC 模型，其最优解定理为：若上述线性规划的最优解 ω^*，μ^*，μ_0^* 满足 $V_P = \omega^{*T} x_{j_0} - \mu_0^* = 1$，则称决策单位 j_0 为弱 DEA 有效（BCC）；若还存在 $\omega^* > 0$，$\mu^* > 0$，则称决策单位 j_0 为 DEA 有效（BCC）。

由于 DEA 模型具有简便易用、实用性强等特点，可以广泛用于评价相同投入的不同决策或服务单位的生产运营效率，包含各类民生事业单位如教育、医疗等部门的运作效率。对于扶贫干部人才以及对口援助贫困地区的扶贫工作绩效评估均可以采用 DEA 模型加以定量分析。通过 DEA 模型分析，可以对各地区扶贫干部人才以及对口援助各地区的扶贫工作绩效结果进行评价考核。对于对口扶贫协作的绩效评估可以选取以下变量，产出或输出变量有：地区 GDP、人均收入、脱贫人数、支持就业人数；投入或输入变量有：资金支持额、援派干部人才数、产业合作投资额、技能培训人数。

在运用 DEA 模型进行实际效率分析时，一般采用的数据分析软件主要有 MAXDEA、EMS、DEAP 等。本书将通过对安徽等五省独立核算工业企业的相对生产效率评价这一实际数据来分析 DEA 模型的应用。这个数据包络分析案例将采取较为简便易行的 DEAP 软件进行分析。

【案例】对安徽等五省独立核算工业相对生产效率的评价

以安徽等五省的全部独立核算工业企业的主要投入产出数据为分析对象，对该五省的生产效率进行 DEA 模型分析，以对其生产效率进行合理评价。有关数据如下表 2.1 所示（为简单起见，省去投入产出指标单位）：

表 2.1　安徽等五省独立核算工业企业投入产出指标数据表

决策单位	总产值	利税总额	从业人数	流动资金	固定资产
安徽	2196.09	179.29	401.80	980.45	932.66
福建	1770.54	145.20	281.90	922.83	852.88
江西	930.22	49.76	294.20	581.64	583.08
湖北	2662.21	181.41	461.00	1444.30	1306.56
湖南	1659.04	144.20	443.20	849.31	936.84

引进 DEA 模型，通过软件 DEAP 运行如下：

Results from DEAP Version 2.1

Instruction file =200.ins
Data file =200.dta

Output orientated DEA

Scale assumption：VRS

Slacks calculated using multi – stage method

EFFICIENCY SUMMARY：

firm	crste	vrste	scale	
1	1. 000	1. 000	1. 000	–
2	1. 000	1. 000	1. 000	–
3	0. 714	1. 000	0. 714	irs
4	0. 953	1. 000	0. 953	drs
5	0. 928	1. 000	0. 928	irs
mean	0. 919	1. 000	0. 919	

Note：crste = technical efficiency from CRS DEA
vrste = technical efficiency from VRS DEA
scale = scale efficiency = crste/vrste

Note also that all subsequent tables refer to VRS results

SUMMARY OF OUTPUT SLACKS：

firm output：	1	2
1	0. 000	0. 000
2	0. 000	0. 000
3	0. 000	0. 000
4	0. 000	0. 000
5	0. 000	0. 000
mean	0. 000	0. 000

SUMMARY OF INPUT SLACKS:

firm input:	1	2	3
1	0.000	0.000	0.000
2	0.000	0.000	0.000
3	0.000	0.000	0.000
4	0.000	0.000	0.000
5	0.000	0.000	0.000
mean	0.000	0.000	0.000

SUMMARY OF PEERS:

firm	peers:
1	1
2	2
3	3
4	4
5	5

SUMMARY OF PEER WEIGHTS:
(in same order as above)

firm	peer weights:
1	1.000
2	1.000
3	1.000
4	1.000
5	1.000

PEER COUNT SUMMARY:
(i. e. , no. times each firm is a peer for another)

firm	peer count:
1	0
2	0
3	0
4	0
5	0

SUMMARY OF OUTPUT TARGETS:

firm output:	1	2
1	2196.090	179.290
2	1770.540	145.200
3	930.220	49.760
4	2662.210	181.410
5	1659.040	144.200

SUMMARY OF INPUT TARGETS:

firm input:	1	2	3
1	401.800	980.450	932.660
2	281.900	922.830	852.880
3	294.200	581.640	583.080
4	461.000	1444.300	1306.560
5	443.200	849.310	936.840

FIRM BY FIRM RESULTS:

Results for firm: 1
Technical efficiency = 1.000
Scale efficiency = 1.000 (crs)
PROJECTION SUMMARY:

variable　original　radial　slack　projected

		value	movement	movement	value
output	1	2196. 090	0. 000	0. 000	2196. 090
output	2	179. 290	0. 000	0. 000	179. 290
input	1	401. 800	0. 000	0. 000	401. 800
input	2	980. 450	0. 000	0. 000	980. 450
input	3	932. 660	0. 000	0. 000	932. 660

LISTING OF PEERS：

peer　　lambda weight

1　　1. 000

Results for firm：　　2

Technical efficiency ＝1. 000

Scale efficiency　　＝1. 000 （crs）

PROJECTION SUMMARY：

variable		original value	radial movement	slack movement	projected value
output	1	1770. 540	0. 000	0. 000	1770. 540
output	2	145. 200	0. 000	0. 000	145. 200
input	1	281. 900	0. 000	0. 000	281. 900
input	2	922. 830	0. 000	0. 000	922. 830
input	3	852. 880	0. 000	0. 000	852. 880

LISTING OF PEERS：

peer　lambda weight

2　　1. 000

Results for firm：　　3

Technical efficiency ＝1. 000

Scale efficiency　　＝0. 714　（irs）

PROJECTION SUMMARY：

variable		original value	radial movement	slack movement	projected value

output	1	930.220	0.000	0.000	930.220
output	2	49.760	0.000	0.000	49.760
input	1	294.200	0.000	0.000	294.200
input	2	581.640	0.000	0.000	581.640
input	3	583.080	0.000	0.000	583.080

LISTING OF PEERS:

peer　lambda weight

3　1.000

Results for firm:　4

Technical efficiency =1.000

Scale efficiency = 0.953 (drs)

PROJECTION SUMMARY:

variable		original value	radial movement	slack movement	projected value
output	1	2662.210	0.000	0.000	2662.210
output	2	181.410	0.000	0.000	181.410
input	1	461.000	0.000	0.000	461.000
input	2	1444.300	0.000	0.000	1444.300
input	3	1306.560	0.000	0.000	1306.560

LISTING OF PEERS:

peer　lambda weight

4　1.000

Results for firm:　5

Technical efficiency =1.000

Scale efficiency =0.928 (irs)

PROJECTION SUMMARY:

variable		original value	radial movement	slack movement	projected value

output	1	1659. 040	0. 000	0. 000	1659. 040
output	2	144. 200	0. 000	0. 000	144. 200
input	1	443. 200	0. 000	0. 000	443. 200
input	2	849. 310	0. 000	0. 000	849. 310
input	3	936. 840	0. 000	0. 000	936. 840

LISTING OF PEERS：

peer	lambda weight
5	1. 000

上述 DEA 模型分析的结果中，firm 中“1”代表安徽，“2”代表福建，“3”代表江西，“4”代表湖北，“5”代表湖南。由分析结果可见，安徽和福建两省独立核算工业企业的生产效率指数均为 1，都实现了 DEA 效率。江西和湖南两省独立核算工业企业的生产效率指数分别为 0. 714 和 0. 928，均小于 1，没有实现 DEA 效率，具体分析原因是两省的规模效率指数小于 1，两省的工业企业规模较小，与其他省份相比有待扩大生产规模才能实现 DEA 效率。

综合上述，DEA 模型分析法对于多投入多产出部门的效率分析是十分有效的。通过实证数据分析，可以找出某一地区或部门非效率的具体原因，从而可以制定相应的应对策略或解决办法。如果是规模非效率，解决办法就是要么扩大规模、要么缩小规模；如果是技术非效率，就需要改进生产技术，提高生产效率。在具体应用中，要结合实际选择输出、输入指标，并且要注意决策单位数量与输入及输出指标数的基本关系，以确保模型分析的理想效果。

上述案例分析表明，安徽等五省独立核算工业企业的生产效率可以通过数据包络分析法进行比较分析。这也表明，对于同一行业在不同地区或省份的投入产出效率也可以运用数据包络分析法进行比较分析。另外，同一地区或省份的不同产业投入产出效率也可以运用数据包络法加以比较分析。在以下章节我们将通过具体数据进行案例分析。

第五节　地区经济增长理论及效率分析

一个地区或区域经济增长状况受到多种生产要素或生产资源的影响。生产要素，是指进行物质生产所必需的一切资源要素以及相应的环境条件。一般而言，生产要素至少包括人的要素（劳动力和生产管理者）、物的要素（生产工具和生产原料等）及其结合因素。本节将论述地区经济增长的要素分析、增长模式论以及增长的效率分析等内容。

一、地区经济增长的要素分析及增长理论

（一）地区经济增长的要素分析

一个地区的经济增长或发展离不开生产要素的资源聚合。关于一个国家或地区生产要素的类别，国内外经济学界有不同的说法，其内容也不尽相同。我国有些经济学家根据马克思对生产力和生产关系的分析，认为生产要素（又称为生产力因素）包括劳动者、劳动资料和劳动对象。其中，劳动者是指正在或能够在生产力系统运行过程中发挥劳动功能的人；劳动资料包括生产工具、能源设施和与生产相关的基础设施；劳动对象是指劳动者实施劳动的对象，可分为天然存在的劳动对象和经过人类加工过的劳动对象，个体包括自然物（如土地）、原料和材料等。此外，随着社会经济的进步和经济理论的发展，科学技术、管理和信息也逐渐被列入生产要素的内容。

从西方经济发展的历程来看，对生产要素的种类认识经历了二要素论、三要素论等到六要素论的发展过程。早在 17 世纪，英国政治经济学家威廉·配第在《赋税论》一书中最早提出劳动价值论，认为劳动是商品价

值的基础，但威廉·配第同时又指出，“土地是财富之母，劳动则为财富之父和能动要素”，即土地和劳动都创造财富和价值，因而生产要素又是二元的。在此之后，英国经济学家亚当·斯密又将资本列为生产要素之一，并在他的代表作《国富论》中提出，“无论在什么社会，商品的价格归根结底都分解成为这三个部分即劳动、资本和土地”，从而形成了“生产要素三元论”。英国经济学家萨伊在其所著《政治经济学概论》一书中也认为“价值是劳动（或人类的勤劳）的作用、自然所提供的各种要素的作用和资本的作用联合产生的成果”，并明确提出劳动、资本和土地是最基本的三种生产要素。由此，生产要素学说又从劳动价值论转向生产费用论，确定了三要素学说的雏形。1890 年，英国著名经济学家、剑桥学派创始人马歇尔在《经济学原理》一书中提出：“组织”（即我们现在所说的管理者或企业家才能）对于生产起着重要的作用，因此他把“组织”列为第四要素。20 世纪 50 年代，美国经济学家西蒙·库兹涅茨运用统计分析方法，对各国经济增长进行分析比较后认为，一国的经济增长能力“基于改进技术，以及它要求的制度的和意识形态的调整……先进技术是经济增长的一个允许的来源”；美国经济学家罗伯特·索洛的研究成果也说明：“技术发展是经济增长后面的长期的主要因素。”

由于科学技术在推动经济发展中发挥着越来越重要的作用，许多经济学家在进行经济分析时都认为，技术进步是除资本和劳动力之外的现代经济增长的第三个主要源泉。与此同时，随着知识经济的兴起和信息高速公路的普及，信息在生产中的地位也日益重要，经济增长的六要素论说法逐渐形成。

对西方经济学和马克思主义经济学这两种不同生产要素学说内容进行比较，可以看出这两种学说对生产要素的划分有极大的相似性，尤其是随着马克思主义经济学的不断发展和对其他学派精华的吸收，两者在生产要素内容方面有越来越接近的趋势。首先，双方都认为生产要素是生产过程中最一般、最基本的要素；其次，马克思主义经济学所说的劳动者可以认为与西方经济学所说的劳动力是相同的。马克思主义经济学所说的劳动资料可以等同于西方经济学中的实物资本的概念，马克思主义经济学所说的劳动对象基本等同于西方经济学所说的广义的土地（自然资源），其他如技术、管理、信息等都是相同的。

但是，两者在内容上的相似性并不等于两者可以混为一谈，两者在本质上也存在着重要的区别。相比来说，西方经济学对生产要素的划分更偏重生产要素在生产过程中的纯物质和技术意义，是单纯的生产力要素的概念；而马克思主义经济学认为生产过程中的物质和技术关系仅是问题的一个方面，是生产过程的双重性之一，除此之外生产要素还具有社会经济关系和形式的意义。两者关于生产要素的另一个最重要也可以说是最本质的区别就是马克思主义经济学认为只有劳动创造价值，其他要素虽然也参与财富的生产过程，但并不创造价值。因此作为劳动主体的人就成为诸生产要素中最重要的因素，在社会主义和共产主义阶段其他生产要素全部实行公有制的前提下，就只能实行按劳分配或按（劳动力）需（要）分配。西方经济学认为土地、资本和劳动力一样可以创造价值，因此在分配上也应当实行按生产要素分配。另外，马克思主义经济学不把货币作为生产力的因素，而西方经济学中的资本要素中包含实物资本和货币资本（或称金融资本）。综合两者的生产要素学说，生产要素主要有自然资源、资本、劳动力、技术、管理和信息。

随着人类社会经济文明的发展，生产活动形式越来越丰富多样，人类财富积累也越来越多，生产要素种类也由最初的二元论发展到生产要素的六元论。除了上述“生产要素六要素”内容外，随着“二战”后制度经济学的发展和普及，人们逐步认识到制度要素也是生产要素不可缺少的元素之一，“制度生产力”一度甚嚣尘上。制度分析是新制度经济学倡导的一种具有相当强解释力的经济分析方法。对一个地区或区域而言，制度可分为正式制度（体制、法规、政策、组织、规划等）和非正式制度（道德、伦理、观念、风俗习惯或文化传统、企业家精神等）。制度供给的有效性是影响一个地区或区域经济增长速度及质量的重要因素。因此，制度可以称为生产要素的第七个要素。制度要素分为宏观制度要素和微观制度要素，这两类制度要素既可以直接影响生产力，也可以通过影响劳动力、技术和管理等要素间接影响生产力。

（二）地区经济增长理论

上一节主要讨论分析了一个地区或区域经济增长的生产要素理论。通过深入分析，笔者创新性地将“生产要素六要素论”扩展为“生产要素七要素论”，更加全面地概括了一个地区经济增长的生产要素集合，对于指导一个地区实现快速可持续增长具有一定的启发意义。本节将讨论一个地区或区域的增长模式理论，由此可以分析了解一个地区经济增长的具体过程及各种生产要素组合的模式效果。关于地区经济增长模式理论的论述极为丰富，总体上可以分为四个类型：平衡式增长理论、非平衡式增长理论、增长阶段理论和生命周期增长理论。

1. 新古典地区经济增长模型

新古典经济增长理论侧重从供给的角度阐述经济增长的动因，并主要着眼于长期发展，该理论属于平衡式增长理论。新古典地区经济增长模型是以美国经济学家罗伯特·索洛（Robert M. Solow，1956）的新古典经济增长模型为基础发展而来，且满足新古典经济增长模型的重要假设。即：总量生产函数为规模收益不变的一阶齐次方程，劳动力和资本要素之间具有可替代性且可自由流动。

新古典地区经济增长理论认为，某一地区的经济增长取决于该地区内的资本、劳动和技术进步。其数学模型可表述为：

$$y_i = a_i k_i + (1 - a_i) l_i + t_i$$

$$k_i = \frac{s_i}{v_i} \pm \sum_j k_{ji}$$

$$l_i = n_i \pm \sum_j m_{ji}$$

$$k_{ji} = f(r_i - r_j)$$

$$l_{ji} = f(w_i - w_j)$$

其中，y_i是产出增长率，k_i是资本增长率，l_i是劳动力增长率，t_i是技术进步率；a_i为资本产出弹性，$1 - a_i$为劳动产出弹性，s_i为储蓄率，v_i为资本产出率；k_{ji}代表从 j 地区流动到 i 地区的资本净流量除以 i 地区的资本存量，m_{ji}代表从 j 地区迁移到 i 地区的劳动力净流量除以 i 地区的劳动力数量；r_i、r_j分别为 i 地区和 j 地区的资本回报率，w_i则分别为 i 地区和 j 地区的实际工资率。由模型分析可见，在市场经济条件下，当资本劳动比率提高，会引起该地区工资率提高及资本收益率降低，从而导致劳动力从地区外移入，资本从地区内移出。由此可见，劳动和资本的流动方向相反，从长期来看地区间的经济差距将趋于缩小。因此，只要充分发挥市场机制的作用即可消除地区发展差异而无须政府政策的作用。

新古典地区经济增长理论模型揭示了一个地区经济均衡增长的情况，强调了规模收益不变的情形，主要从供给的角度阐释地区经济增长的动因及差异，因而忽略了需求因素对经济增长的潜在贡献以及地区经济规模收益递增的情形。总体而言，新古典地区增长模型提供了一个地区经济增长的规范分析，基本反映了我国各地区之间经济发展的规律，即发达地区的资金流向落后地区、落后地区的劳动力流向发达地区的现实。此外，新古典地区增长模型还指出，技术进步是经济增长的重要因素。例如，索洛在 1957 年《技术改变和总量生产函数》一文中，对 1909—1949 年美国国民收入增长因素进行了分析。在这一时期，美国国民收入增长率为 216%、劳动投入增长率为 54%、资本投入增长率为 102%。根据国民收入统计，劳动工资收益占2/3、资本收益占1/3。根据上述新古典增长模型，这一期间技术进步增长率为 t = 216% − 2/3 × 54% − 1/3 × 102% = 146%，技术进步的贡献率达到67.59%。可见，“二战”后技术进步因素极大地促进了美国经济的增长。

2. 地区输出基础模型

凯恩斯主义理论强调有效需求是决定社会总产出和经济增长的重要因素。输出基础理论（Export Base Theory，又译作“输出基地理论”“出口基础理论”）正是以凯恩斯主义理论为基础，一种侧重从需求角度阐述地区经济增长动因的经典理论。

美国经济学家诺思（Douglas C. North，1955）基于美国经济史分析角度，指出地区经济增长的动力来自外部需求的拉动，地区外部需求的增加是地区经济增长最关键的初始决定因素。美国经济学家蒂伯特（Charles M. Tiebout，1956）等人进一步拓展、完善了诺思的理论，形成解释地区经济增长动力的输出基础理论。输出基础理论将本地区经济部门划分为两大部门：基础部门（basic sectors，包括所有的该地区外部需求导向的产业活动）和非基础部门（non − basic sectors，包括所有的地区内部需求导向的产业活动），强调一个地区经济的增长取决于输出导向型基础部门的增长，地区外部需求的扩大是地区经济增长的基本动力。

简单的输出基础理论可由如下经济关系等式表示：

$$E = D + X$$

$$Y = D + M，\text{或 } D = Y - M$$

$$M = mY \ (m < 1)$$

其中，E 为区域内总支出，Y 为区域内总收入；D、M、X 分别为区域内需求（由非基础部门提供）、进口和出口（由基础部门提供）；m 则为边际进口倾向。在市场均衡的条件下，由上述关系等式可以得到：

$$Y = E \text{ 及 } M = X$$

通过替代得到：

$$Y=(1/m)\ M=(1/m)\ X$$

对上式进行微分，可得输出基础乘数为：

$$dY/dX=1/m$$

根据上述模型分析，输出基础理论认为基础部门产量的增加将通过乘数效应直接引起地区经济的增长。相对于新古典地区经济增长理论，它既强调了需求因素的作用，又未忽视地区经济的供给面，但其不足是未对地区出口或输出需求的决定因素进行深入系统的解释。

3. 地区循环累积因果模型

循环累积因果理论（Cumulative Causation Theory，又简称“累积因果理论”）是基于瑞典经济学家缪尔达尔（Gunnar Mydral，1898—1987）在《经济理论与不发达区域》（1957）一书中倡导的循环累积因果原理，不断发展形成的一种地区经济非平衡增长理论。循环累积因果原理认为地区经济增长是由于集聚经济引发的外部经济利益的循环累积因果过程的结果，强调市场力量的作用通常倾向于扩大而不是缩小地区间的差距。英国经济学家卡尔多（Nichoals Kaldor，1970）继承了缪尔达尔的思想，提出了一个具体的累积因果理论模式。后又经英国经济学家狄克逊和瑟尔沃尔（Dixon & Thirlwall，1975）进一步发展完善，特别论述了出口或输出导向的地区经济增长的自我累积过程。

卡尔多强调集聚经济、报酬递增、要素流入等产生的利益的循环累积对地区经济增长的影响，并将这些因素融合在其倡导的“相对效率工资”概念之中。卡尔多循环累积因果理论模式的数学表达公式为：

$$t_i = t_i(y_i)\ ,\ t_i'(y_i) > 0$$

$$\frac{W_i}{T_i} = f_i(t_i)\ ,\ f_i' < 0$$

$$y_i = y_i\left(\frac{W_i}{T_i}\right)\ ,\ y_i' < 0$$

$$W_i = \bar{W}$$

其中，t_i是 i 地区的生产率增长率，T_i是 i 地区的劳动力生产率指数，yi 是 i 地区的产出增长率，W_i 是 i 地区的货币工资指数，W_i/T_i 是效率工资，$\bar{W}$ 是全国货币工资指数。该模型描述了一个地区经济增长的累积因果关系：一个地区产出增长率的上升导致了该地区生产率增长率的提高，生产率的提高自然会带来效率工资的下降，效率工资的下降又使得该地区具有竞争优势，从而导致该地区产出增长率进一步上升，这种累积因果运动会不断循环下去。其循环累计原理可通过下图 2. 3 略窥一斑。

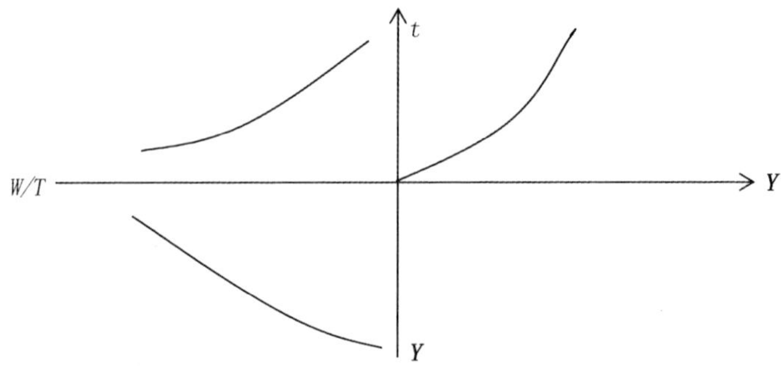

图 2. 3　卡尔多循环累积原理关系图

图 2. 3 显示了生产率与产出率、效率工资与生产率、产出率与效率工资等变量之间的变动关系。这些变量之间的互动关系形成了某一地区的循环累积增长，因而使该地区相对于其他地区具有累积优势，进而形成非平衡式发展。

狄克逊和瑟尔沃尔进一步发展了卡尔多的理论模式，特别强调了地区产出增长与其输出部门竞争力之间相互交替作用的正反馈机理，从而将累积因果过程纳入模型。他们认为，在某一地区发展过程中，技术进步加快或资本/劳动比率提高，将会提高该地区劳动生产率的增长速度，强化该地区出口产品的价格竞争优势，促进该地区输出部门的增长。而输出部门的扩张会极大地提高该地区整体的产出增长，并通过加大研发力度或购买新机器设备等方式，为技术进步加快或资本/劳动比率的扩大提供重要支撑。这样，该地区经济增长就形成了持续的、互为因果的自我累积过程。

该模型主要包含四个基本函数关系：

第一，劳动生产率增长率 q 与区域产出增长率 y 之间的线性关系，又称维多恩法则（Verdoorn Law）。在该公式中，a 为劳动生产率的自主增长，λ 为维多恩系数，$0 < \lambda < 1$。该公式表明，劳动生产率的增长主要取决于滞后一期的产出增长以及部分自主性因素，而且产出增长率越高，劳动生产率上升越快。模型公式如下：

$$q = a + \lambda y_{-1}$$

第二，地区价格增长率 p 与劳动生产率增长率 q 之间的关系。其中，c 为地区内成本的上涨变化，取决于模型外部因素。该公式表明，生产成本的增加将会推动地区价格的上涨，而劳动生产率的提高则相反。模型公式如下：

$$p = c - q$$

第三，地区输出增长率 x 与该地区内价格的上涨变化 p 成反比，与该地区主要竞争对手的价格上升率 p_f，以及该地区外部市场收入水平上升率 z 之间成正比关系。其中，β、θ 为需求的价格弹性，δ 为外部市场对该地区出口产品的需求收入弹性。模型公式如下：

$$x = -\beta p + \theta p_f + \delta z$$

第四，某一地区产出增长率与该地区输出增长率成正比。其中，r 为近似于 1 的常数。模型公式如下：

$$y = rx$$

综合上述四个方面考虑，由于长期均衡中的增长率倾向于稳定（$y = y_{-1}$），可得到区域产出的均衡增长率：

$$y^* = \frac{r[-\beta(c - a) + \theta p_f + \delta z]}{1 - r\beta\lambda}$$

上式中，y^* 是均衡产出增长率。模型描述了当维多恩系数 $\lambda > 0$ 时，产出的任何增长通过提高劳动生产率从而增强地区竞争力，增加出口销售，从而进一步提高地区产出这一不断积累、自我循环的正反馈过程。该模型仍存在一些不足之处，例如，未能具体说明特定地区专业化输出的商品类型；对出口部门是地区产出增长的唯一源泉的假定较为片面化；维多恩法则过于简化了产出增长导致生产率增长的过程等。但是，这一循环累积增长理论在某种程度上仍然能够反映某一地区正向累积增长的过程和趋势。对于落后地区而言，要善于运用这一原理，通过加大输出经济强化这一正反馈过程以促进本地区发展。

4. 希伯特的区域经济增长模型

德国区域经济学家希伯特（H. Siebert，1969）试图整合供给和需求两个方面解释地区经济增长问题。其地区经济增长理论可由如下模型加以说明：

$$dY_t = \min\{(dQ_t + dM_t),(dD_t + dX_t)\} + dW_t$$

其中，dY_t 为地区经济增量，dQ_t 为地区内总产出增量，dM_t 为地区进口增量，dD_t 为地区内总需求增量，dX_t 为地区出口增量；dW_t 为地区的福利效果（welfare effects），是指由于地区间贸易条件改变后，该地区获取的福利得失。当（$dQ_t + dM_t$）>（$dD_t + dX_t$）时，地区增长是由该地区总需求、出口和福利效果决定；反之，当（$dQ_t + dM_t$）<（$dD_t + dX_t$）时，地区增长则由该地区总产出、进口和福利效果决定。

希伯特分析了地区内总需求、进口和出口增量以及福利效果的决定因素。地区内总需求增量是由地区内的资本增量、劳动增量和技术进步的函数决定。

$$dD_t = f(dK_{t-1}, dL_{t-1}, dT_{t-1})$$

其中，dK_{t-1}、dL_{t-1} 和 dT_{t-1} 分别为地区内的资本增量、劳动增量和技术进步，而影响资本增量、劳动增量和技术进步等函数关系式不再赘述。除了贸易障碍以外，进口增量主要是由地区内经济增长引起，出口增量是由地区外经济增长引起。

$$dM_t = f(dY_t, g_t)$$

$$dX_t = f(dY_t^*, g_t)$$

其中，dY^* 代表地区外的经济增长增量，g_t 为贸易障碍。福利效果 dW_t 可表示为贸易条件变动之递增函数：

$$dW_t = f(dP_t)$$

其中，dP_t 为地区间贸易条件。由上述模型分析可见，希伯特的地区经济增长理论显然是将国家层面的分析方法借用到地区经济增长分析中，从模型中可见，希伯特模型运用了国际贸易和国民经济核算的部分理论，并综合了供给和需求，以及地区内经济因素和地区外经济因素而得到的一个综合性的地区经济增长理论模型。在完全竞争市场条件下，希伯特将生产要素（包括劳动、资本和技术进步）的区际流动引入到新古典增长模型，从而论述了各地区间的趋同化发展趋势。

5. 理查森的区域经济增长模型

美国经济学家理查森（H. W. Richardson，1973）的区域经济增长理论模型是在新古典区域增长理论的模型基础上引进了规模收益。该理论模型的总生产函数增长率表达式为：

$$y_i = t_i + [a_i k_i + (1 - a_i) l_i]^{\gamma}$$

该总生产函数对新古典总产出函数作了适当的修订，使其适用的范围更广。当 γ 大于 1 时，该生产函数反映了规模报酬递增；当 γ 小于 1 时为规模报酬递减；当 γ 等于 1 时，规模报酬不变。此外，总生产函数中的资本增长率是由如下函数关系决定：

$$k_i = b_1 A + b_2 y_i - b_3 K - b_4 CV_Z + b_5 (r_i - \bar{r})$$

其中，k_i 为资本增长率，A 为聚集经济，y_i 为 i 地区经济增长率，K 为区域资本存量，CV_Z（coefficient of variation）为该地区 Z 个都市中心每一单位面积资本存量的相关系数，r_i 为该区资本报酬率，$\bar{r}$ 为全国资本报酬率。影响劳动增长率的因素相互关系可由如下方程式表示：

$$l_i = b_6 n_i + b_7 A + b_8 F_i + b_9 (W_i - \bar{W})$$

其中，l_i 劳动增长率，n_i 自然人口增长率，A 聚集经济，F_i（location preference）区位偏好，W_i 和 $\bar{W}$ 分别为该地区工资率和全国工资率。区位偏好又是由聚集经济、主导城市人口潜力和工资率差异等因素引起的。其函数关系式如下：

$$F_i = b_{10} A - b_{11}\left(\frac{1}{V_{N1}}\right) + b_{12} H_i + b_{13}(W_i - \bar{W}) + b_{14} TC$$

其中，A 为聚集经济，$\left(\frac{1}{V_{N1}}\right)$为该地区主导城市人口潜力的倒数，H 为居于该地区的平均时间长度，（$W_i - \bar{W}$）为工资率差异，TC 为迁移成本。影响技术进步的有关因素函数式为：

$$t_i = b_{15} A + b_{16} k_i + b_{17} G_{N1} + b_{18} q\bar{t}$$

其中，G_{N1} 为该区首位城市在全国都市体系中的排名，q 为该地区和其他地区联系的程度，$\bar{t}$ 为全国技术进步率。

理查森地区经济增长理论将空间不平衡增长与由地区要素流动所导致的均衡增长过程结合起来。前者通过聚集经济、人口潜力的倒数和首位城市的地位等聚集变量影响资本、劳动力、技术进步在空间上的聚集，从而造成了地区间的不平衡发展及地区的增长；后者通过地区间工资率差异、资本报酬率差异以及地区资本存量的大小等变量，运用新古典增长理论来研究地区的均衡发展。因此，一个地区的经济增长是集中与分散两股力量综合作用的结果，其中地区内聚集经济被认为是决定地区经济增长的关键因素。

综合上述，理查森地区经济增长理论通过联合新古典均衡增长理论及特定地区的非均衡增长理论，着重探讨了地区空间结构及其关系对地区经济增长的影响。理查森地区经济增长理论表明，一个地区经济增长既会受到生产要素流动的影响而趋向均衡增长，也会受到该地区特殊空间优势的影响而呈现与其他地区有别的特殊式增长。我国经济落后地区往往处于地理位置偏僻的西部地区，在促进这些地区经济增长方面，需要扬长避短，与内地发达地区加强经济联系和技术共享，以实现快速增长。

6. 其他地区经济不平衡增长理论

地区经济差异一直是现代经济学研究的重大论题之一，也是世界各国经济发展过程中的一个普遍性问题。均衡（平衡）与非均衡（不平衡）是贯穿于地区经济发展过程中的矛盾统一体，不平衡增长或发展是地区经济发展的一般规律。

基于新古典经济学的新古典区域经济均衡增长理论强调，在市场经济条件下，资本、劳动力和技术的自由流动将导致区域经济增长趋于均衡。新古典地区经济增长均衡理论逻辑严谨，很好地阐释了地区经济发展的一般规律，但没有考虑各地区空间的主要特征（克服空间距离会发生转移成本），忽略了规模经济与集聚经济、技术进步、市场缺陷和制度因素，因而具有一定的局限性。

起源于20世纪40年代的发展经济学平衡增长理论，例如，英国经济学家罗森斯坦－罗丹（Paul N. Rosenstein－Rodan，1943）的大推进理论、美国经济学家纳克斯（Ragnar Nurkse，1953）的贫困恶性循环论、内尔森（R. R. Nelson，1956）的低水平均衡陷阱论、莱宾斯坦（H. Leibenstein，1957）的临界最小努力命题论等，上述理论应用于地区经济发展研究中形成了地区经济平衡增长理论，强调产业部门间的平衡发展、同步发展以及地区之间或地区内部的平衡发展、同步发展。

而地区经济不平衡增长理论是对新古典地区经济均衡增长理论和发展经济学平衡增长理论的一种扬弃。地区经济不平衡增长理论发端于现代区域经济学学科正式形成及早期发展的20世纪50—60年代，在20世纪70—80年代不断拓展。20世纪90年代以来，中外学者对地区经济不平衡增长理论又作了进一步丰富拓展，地区经济收敛与发散理论、地区经济非平衡协调发展理论、地区经济后发优势理论等蓬勃发展。

传统地区经济非均衡增长理论倡导者以佩鲁、布代维尔、缪尔达尔、赫希曼、威廉姆逊、弗里德曼等欧美学者为代表，他们通过理论分析或实证研究，批驳了地区经济均衡（平衡）增长理论，主张地区经济不平衡增长是一国地区经济发展过程的一般规律。地区经济不平衡增长理论大体上可分为两类：不考虑时序变量的地区经济不平衡增长理论，如增长极理论、循环累积因果理论、地理上的二元经济结构理论等；考虑时序变量的地区经济不平衡增长理论，如倒U型理论和钟型理论等。本节重点阐述增长极理论、倒U型理论和钟型理论。

（1）增长极理论

增长极理论的最早提出者是法国经济学家佩鲁（F. Perroux），他在20世纪60年代末在研究地区工业发展时提出了“增长极”概念，认为增长并非同时在任何地方出现，而是总围绕一个极核进行，这个极核是区域经济发展力的中心点和平衡点，会对整个经济产生一定的终极影响；增长极主要通过主导产业和推动产业影响地区经济发展，主导产业是市场范围大、经济联系广泛的产业，推动产业则是技术创新能力强、发展较为迅速的产业，与主导产业形成配合、支持的产业序列。主导产业和推动产业形成的生产综合体对周围地区形成集聚效应，也称“极化”效应，从而实现地区规模经济效益。

此外，法国经济学者布代维尔也提出了地区增长极概念，认为一个地区增长极是指布局在一个城市区，并在其影响范围内引导经济活动进一步发展的一系列推进型产业。瑞典学者缪尔达尔认为不发达国家经济发展中存在经济发达区域和不发达区域并存的“地理上二元经济结构”，市场力量的作用通常倾向于增加而不是减少区际不平等，应采取政府干预的方法刺激不发达区域经济发展。“二元经济结构”的成因源于“循环累积因果关系”，即由于集聚经济的存在，发达地区会因市场的作用而持续、累积地加速增长，并同时产生扩散效应（spread effect）和回波效应（backwash effect），前者对不发达地区有利，后者对不发达地区不利；由于前者远小于后者，在不平衡的互动过程中，发达地区越来越繁荣，不发达地区越来越衰落。

英国经济学家卡尔多特别强调集聚经济、报酬递增、要素流入等产生的利益的循环累积对地区经济增长的影响，并将这些因素融合在其倡导的“相对效率工资”（货币工资与生产率指标之比）概念之中；发达地区因集聚经济存在产生规模报酬递增，其产出和生产率增长率提高，致使相对效率工资下降，而相对效率工资下降又会导致地区产出增长率提高，进一步促进高速增长地区加快增长。

美国经济学家赫希曼提出的地区经济不平衡增长理论指出，经济增长并不同时在每一地区出现，一旦出现，强有力的因素必然会使得经济增长围绕最初出发点集中。发达地区与不发达地区之间存在着“极化效应”（Polarized effect）和“涓滴效应”（trickling - down effect），前者是发达地区对落后地区经济资源的吸引，后者是发达地区对落后地区的经济辐射，从而形成区际经济传递。从长期来看，“涓滴效应”总会大于“极化效应”，从而可以通过非均衡发展策略缩小区际发展差距。

美国经济学家弗里德曼提出了核心（中心）—边缘（外围）理论。他认为：核心区是具有较高增长倾向的地区，边缘区是其发展途径受控于且依附于核心区的地区，核心区和边缘区共同构成一个完整的二元空间结构。核心区通过支配效应、信息效应、心理效应、现代化效应、联动效应和生产效应等六种反馈机制强化其对边缘区的支配地位，并通过核心区的扩散效应引导边缘区发展，使二者边界变得模糊，最终走向地区经济一体化。

（2）倒 U 型理论

美国经济学家威廉姆逊提出了地区经济发展的倒 U 型理论，他认为地区经济增长与地区发展平衡之间呈现倒 U 型曲线形态。在国家经济发展的初期阶段，随着总体经济增长，地区经济差异逐渐扩大；经济发展到一定水平，地区经济差异保持稳定；地区经济进入成熟增长阶段后，区际经济差异将随着总体经济增长而逐渐下降。

（3）钟型理论

美国经济学家阿朗索提出了钟型理论。与倒 U 型理论类似，他认为在经济发展的早期，经济增长往往趋向于扩大区际的不平衡；当经济发展到一定程度后，经济增长放缓，趋向于区际的平衡发展。

7. 地区经济增长（发展）阶段理论

地区经济的成长从来不是匀速直线运动，而是分阶段循序演进。地区经济由不发达到发达是一个漫长的演变过程。在这一过程中，地区要素供给、产业结构、空间结构乃至资源配置方式均具有明显的阶段性特征。地区经济增长（发展）阶段理论即通过对区域资源要素配置、经济增长、产业结构及空间结构演化等方面作用机制的分析，探究地区经济由低级到高级、由贫穷到繁荣的阶段性发展规律。基于所分析的区域类型特点，区域经济增长（发展）阶段理论可分为一般区域经济增长（发展）阶段理论和特殊区域生命周期理论两类。西方学者提出的一般区域经济增长（发展）阶段理论繁多，其中最具代表性的是胡佛－费雪的区域经济增长五阶段论、弗里德曼的区域经济发展四阶段论。此外，美国经济学家罗斯托在20世纪60年代提出的经济成长阶段论，将经济发展演化过程划分为六个阶段：（1）传统社会阶段；（2）起飞前期准备阶段；（3）起飞阶段；（4）成熟阶段；（5）高消费阶段；（6）追求生活质量阶段。经济发展“六阶段论”很好地描述了一个国家或地区社会经济发展演变过程。我国学者自20世纪90年代以来也相继提出了众多独具理论特色的一般地区经济增长（发展）阶段理论。

（1）胡佛－费雪的地区经济增长五阶段论

美国区域经济学家胡佛（E. M. Hoover）和费雪（J. Fisher）在《区域经济增长研究》（1949）一文中最早倡导区域经济增长阶段论。该理论认为，任何地区的经济增长都存在着“标准阶段次序”，具体包括五个阶段：

①自给自足经济阶段。此为地区经济增长的初始阶段。其特征表现

为：地区产业几乎全为农业，地区人口绝大部分为农业人口；地区经济呈明显的封闭性，地区间经济联系甚少；经济活动均随农业资源呈均匀分布。

②乡村工业兴起阶段。随着交通运输业以及贸易的发展，乡村工业崛起并在地区经济发展中发挥重要作用；由于乡村工业的原料、市场、劳动力仍来源于农业地区，其分布也与农业人口分布相对应。

③农村生产结构转换阶段。随着区际贸易的扩大，地区农业生产方式逐渐发生变化，由粗放型农业向集约型、专业化农业转变，由畜牧养殖转向果蔬、乳酪、园艺生产。

④工业化阶段。随着人口的增长、农业生产发展到相当规模后引致规模报酬的递减、采掘工业生产效益的下降，区域被迫谋求工业化。工业化阶段一般分为前后两期，前期立足于农林产品生产，发展食品加工、木材加工、纤维纺织加工业等，后期发展钢铁、石油冶炼业、金属材料加工制造业、化学工业、建材工业等。

⑤服务业输出阶段（成熟阶段）。此为地区经济增长最后阶段，地区实现了为出口服务的服务业专业化生产，向区外输出资本、熟练技术人员和为欠发达地区提供专业化服务，专业性服务的输出逐渐成为地区经济增长的驱动力。

胡佛－费雪的区域经济增长阶段理论是对传统经济区位理论的一种扩展，是对大多数欧洲国家地区经济发展历史过程的经验总结，所揭示的是在技术变化条件下地区产业结构变化的一般规律。该理论强调，任何地区的经济发展都必须经历两个相辅相成的成长过程。一方面，地区经济必须经历由自给自足的封闭型经济向开发型的商品经济转变的历史过程，在这一转变过程中，运输成本下降起着关键作用，区际贸易发挥着重要作用；另一方面，地区经济必须完成由第一产业向第二产业到第三产业的过渡，实施地区工业化战略是完成这一转变的关键，由农业、采掘业等初级产业向以制造业为中心的次级产业过渡是维持地区经济持续发展的唯一途径。

胡佛 – 费雪的地区经济增长阶段理论也存在着不足，该理论只是对地区经济发展的一般状态描述，没有具体解释地区经济发展的动力机制及其发展原因；该理论不可能概括所有地区的经济发展历程，也并非每一个地区的经济发展都必须经历这样的“标准阶段次序”。

（2）陈栋生、魏后凯的地区经济成长（增长）四阶段论

我国学者陈栋生、魏后凯等在《区域经济学》（陈栋生等，1993）、《西部经济崛起之路》（陈栋生等，1996）、《现代区域经济学》（魏后凯等，2006）等书中均倡导地区经济成长（增长）四阶段论。该理论认为，地区经济的成长（增长）是一个渐进的发展过程，可分为待开发（不发育）、成长、成熟（发达）、衰退四个阶段。

①待开发（不发育）阶段。此为地区经济增长的初始阶段。其总体特征为：地区经济处于未开发或不发育状态，生产力水平低下，生产方式落后；产业结构单一，农业所占比重极高；商品经济极不发达，市场规模狭小，经济增长缓慢，长期停滞在自给自足甚至自给不能自足的自然经济状态中；自我资金积累能力低下，缺乏自我发展能力；各种经济活动在空间上呈散布状态。处于这一阶段的区域经济发展途径为：将外部资金、人才、技术输入和区域内条件有机结合，形成自我发展能力，启动区域经济增长。

②成长阶段。当地区经济跨过工业化的起点且呈较强增长势头时，标志着地区经济发展进入成长阶段。其总体特征为：地区经济高速增长，经济总量规模迅速扩大；产业结构急剧变动，工业逐渐超过农业成为区域经济的主导部门；商品经济发育成长，市场规模不断扩大，区域专业化分工迅速发展，优势产业已形成或处于形成中；人口和产业活动迅速向城市集聚，形成启动地区经济发展的增长极或增长中心；伴随地区经济总量增长和结构性变化，地区社会文化观念也相应变化。促进地区经济发展从不发育阶段进入成长阶段的实现途径有：外部推动型、国家投入型、自身积累型和边贸启动型。

③成熟（发达）阶段。地区经济经过成长阶段的高速增长后逐步进入成熟（发达）阶段。其总体特征为：地区经济增长速度趋缓，并渐趋稳定；工业化达到较高水平，服务业较发达，基础设施完善，交通运输、信息已形成网络；生产部门齐全，专业化分工程度高；区内资本积累能力强，人力资本丰富。处于这一阶段的地区通常是国家经济中心区的所在。地区经济发达、繁荣的背后也存在着潜在的衰退因素：由于人口和经济活动的过度集中，导致地价、劳动力成本上涨，环保压力渐增；生产成本和生活成本增加，导致许多产业、产品的比较优势逐步丧失，部分在成长阶段支撑地区经济高速增长的主导产业增速减缓，有些甚至沦为衰退产业。

④衰退阶段。由于运输地理位置的变更、产业布局指向的变化、资源的枯竭、技术和需求的变化，部分地区在经历成熟阶段后，有可能转入衰退阶段。其总体特征为：经济增长缓慢，原有的增长中心和主导产业发展势头丧失；传统的衰退产业所占比重大，地区主导产业链条在时序上缺乏有机连接，导致地区经济的结构性衰退，若结构调整滞缓，缺乏新兴替代产业，地区经济将出现绝对衰退，逐步走向衰落。在地区沦为衰退区前，应适时调整地区产业结构，扶持新兴产业和替代产业，谋求经济的多元化，促进地区经济持续发展，进入新的成长阶段，开始新一轮成长过程。

陈栋生、魏后凯的区域经济成长（增长）四阶段论是我国学者最早创造性地倡导的一种具有一定代表性的地区经济发展阶段理论，由于其对经济发展各阶段的产业结构布局特征和经济状态等进行了细致刻画，因此该理论是一种关于地区经济成长阶段的定性分析和描述。

8. 地区经济增长生命周期理论

地区经济增长生命周期理论是一种运用生物学术语“生命周期”来研究特定地区经济兴衰演变规律的地区经济发展阶段理论。地区经济增长生命周期理论也是一种经济发展阶段理论，是借用生物体生命周期规律来描述经济成长规律。代表性地区经济增长生命周期理论主要有工业区生命周期理论、旅游地生命周期理论、出口加工区生命周期理论、开发区生命周期理论等。本节主要通过两个类型地区经济增长过程分析地区经济增长生命周期理论。

（1）汤普森的工业区生命周期理论

美国经济地理学家汤普森（J. H. Thompson，1966）针对一个工业区由落后到发达、由封闭到开放的演变过程，首次提出了地区生命周期理论（Regional Cycle Theory）。该理论认为，一个工业区从建立开始就会像一个生命有机体一样遵循一个有规律的秩序（从年轻到成熟再到老年）演变发展；不同发展阶段面临的问题不同，所处的竞争地位以及与区外的联系特点也不一样。各阶段的特征及表现形式见表2.2。

表2.2　工业区生命周期各阶段的特征及表现形式

阶段	特征	表现形式
年轻阶段	技术创新和技术引进异常活跃；经济增长迅速；资本、人才大量涌入；市场急剧扩张	要素净流入
成熟阶段	主宰其他区域；输出人才、技术；在其他区域布局分厂；区际竞争加剧	要素输出
老年阶段	成本优势丧失；市场转移；区内机器、厂房过时，土地使用竞争使厂址无扩展之余地，拥挤成为常事；人才流失	区内原有新兴产业沦为衰退产业；成为萧条区或膨胀区

汤普森认为，判断一个工业区生命周期阶段的指标主要有三类：一是区域内的劳动力成本、地价、税收、机器厂房的新旧程度和企业的管理技能等生产要素特征；二是区域内产业结构中占主导地位的产业竞争力；三是整个区域在市场竞争中所处的地位。

第一阶段为年轻阶段。处于年轻阶段的工业区，技术创新或技术引入活跃，经济增长迅速，市场急剧扩张；地区的比较区位优势明显，生产成本低，资本、科技人员和管理专家等来自区外的生产要素净流入量大；年轻阶段的工业区具有明显的市场竞争优势。

第二阶段为成熟阶段。当工业区发展至成熟阶段，区际竞争渐趋激烈；工业区仍保持比较区位成本优势且对其他地区而言处于主导地位；工业区内企业在区外设立分厂，具有专业知识和管理经验的人员被输往区外，区内生产要素输出量大。

第三阶段为老年阶段。处于老年阶段的工业区，其原有的成本优势丧失殆尽；市场明显转移；厂房与机器过时，税收剧增，土地的过度使用造成拥挤现象；技术和管理人才外流；原有新兴产业沦为衰退产业。处于老年阶段的工业区若不及时地调整产业结构并再创新，会丧失活力演变成萧条区。

汤普森所指的工业区实质上是产业革命时期的工业城市，他以美国的新英格兰地区（包括美国东北部的康涅狄格州、缅因州、马萨诸塞州、新罕布什尔州、罗得岛州和佛蒙特州）为例，剖析了该地区从年轻到老年的演变发展过程。工业区生命周期理论还阐释了地区主导产业的演变规律及其发展走向，为产业梯度推移理论的提出奠定了理论基础。当然，该理论从某种意义而言只是对地区经济发展与区际经济传播现象的一种归纳分析，并不能证明任何工业区都严格遵循这种发展秩序。即使步入老年期的工业区还可通过再创新而返老还童，从而进入新一轮的生命周期循环。

（2）巴德勒的旅游地生命周期理论

旅游地作为一个旅游景区，也经历了一个发展演变过程。“旅游地生命周期”的概念最早由英国学者基尔伯特（E. Gilbert，1939）提出。德国学者克里斯塔勒（Christaller，1936）基于旅游地对艺术家和诗人吸引力的视角，将旅游地生命周期分为发掘、增长和衰退三个阶段。普洛格（Piog，1973）和斯坦斯菲尔德（Stansfield，1978）在克里斯塔勒的基础上将旅游者类型细分为探险型、中间型和保守型三类，增加了阶段划分的可操作性。多克斯（Doxey，1975）根据旅游者数量及“愤怒指数”将旅游地的发展过程划分为欣喜、冷漠、恼怒和对抗四个阶段。目前被学术界公认并广泛应用的是加拿大学者巴德勒（Butler，1980）的旅游地生命周期理论。

巴德勒以游客量为切入点，从营销和规划的角度，根据旅游需求、供给、分销和竞争者状况等特征，将旅游地生命周期分为探索、参与、发展、巩固、停滞、衰落或复苏六个阶段。

①探索阶段。此阶段是旅游地发展的初始阶段。旅游地仅有少量旅游者（环境爱好者或探险者），他们被旅游地的自然、人文资源吸引；旅游地缺少专设的接待设施，与旅游相关的供给厂商很少，不存在分销渠道，也不涉及旅游地的发展战略问题。

②参与阶段。此阶段旅游地的游客量逐渐增加，新增旅游者希望保持当地自然的感觉，并享受好的饭店、餐馆服务和娱乐设施；旅游地开始出现季节性特征，为此地方政府需着重强化促销活动、扩展分销渠道、改善交通条件，使潜在旅游者获得有关旅游地产品的信息，以增加旅游者的购买率。

③发展阶段。此阶段旅游地的游客量显著增长，在旺季甚至超过当地居民数，但其消费能力有所下降；旅游地的商业化气息加重，外来投资者进入旅游地；市场竞争出现；旅游地的自然面貌有较显著的改变。

④巩固阶段。此阶段旅游地的游客量增速开始下降但人数仍在增长；外来投资者对供给的控制进一步增强；分销渠道广泛；旅游地出现界限明确的旅游区和商业区；常住居民因生活受限制开始产生抵触情绪。

⑤停滞阶段。此阶段旅游地的游客量达到最大，但旅游者的停留时间短，旅游花费少；旅游地对潜在旅游者的吸引力下降；社会、经济和环境等问题开始出现；旅游地供给厂商的数量保持稳定，但厂商之间的竞争更为激烈。

⑥衰落或复苏阶段。此阶段旅游地存在五种发展趋势。其一，对旅游地卓有成效的深度开发，可吸引更多游客，进一步扩大市场；其二，较小规模的改造和调整，可使游客量小幅度增长；其三，调整各种容量水平，

保持游客量稳定；其四，过度利用资源导致游客量显著下降；其五，战争、瘟疫或其他灾难性事件的发生导致游客量急剧下降，极难再恢复到原有水平。

巴德勒旅游地生命周期理论对旅游地由产生到衰败的发展过程进行了较为细致合理的描述，对旅游地管理具有很好的指导作用。此后学者用数量经济模型对巴德勒的理论进行验证，通过建立旅游地需求模型对旅游者数量进行分析，得出的类似对数曲线的市场增长情况与巴德勒生命周期曲线不谋而合。该理论实质上是一种分析的概念性框架，其关键不在于讨论旅游地的发展究竟存在几个阶段、每个阶段究竟应持续多长时间，而是强调实践者应发现影响这种发展变化的内在原因，例如，产品特性的变化、企业或政府战略的变化、不可预见因素的影响等。后来学者对巴德勒的理论不断拓展，霍温恩（Hovinen，1981）和盖茨（Getz，1992）增加了旅游规划的因素，凯尔乐（Keller，1984）加入了复杂的决策过程和投资因素，库珀（Cooper，1989）和杰克森（Jackson，1989）增加了环境因素，史密斯（Smith，1992）增加了政府干预的因素。这些研究成果不仅丰富了巴德勒旅游地生命周期理论的内容，而且增强了其应用价值。库珀（1994）认为，巴德勒旅游地生命周期理论是一个能合理地解释旅游地发展的模型，可在旅游地规划和管理等方面为管理者提供理论指导。虽然巴德勒的旅游地生命周期理论具有重大的实践意义，但也存在一些不足。例如，在旅游预测功能方面，该理论没有进行市场细分，如果出现游客故地重游的情况，运用该理论进行预测将会产生偏差，实践也证明几乎没有旅游地的发展是完全按照巴德勒所描述的这一曲线演进的。

本节主要分析概述了八种代表性的地区经济增长理论。这八种地区经济增长理论涵盖了平衡增长理论、非平衡增长理论、阶段化增长理论和生命周期增长理论等四大类别。这八种增长理论分别从不同角度解释了某一地区经济增长的规律，对于我国西部落后地区的经济增长均有一定的启示意义。通过本节的分析说明，落后地区要实现经济增长，必须要因地制宜地制定经济发展策略和相关政策，使本地区和区外资源紧密结合，有效实现协同发展。

二、地区经济增长的效率分析

上述有关地区经济增长的要素和理论分析，为我们深入了解某一地区实现经济增长所必需的要素类别以及地区经济增长的各种实现路径和规律奠定了基础，为我们科学引导一个地区的经济增长提供了指南。当然，上述地区经济增长理论的科学性和可行性还需要地区经济增长现实来检验。本节将引入数据包络分析法分析一个地区的投入产出效率，以此对地区经济增长效率进行深入分析。

（一）凉山州投入产出效率分析

凉山州的经济增长效率一般通过该州的投入产出数据包络分析进行具体因素分解来表示。代表凉山州的产出数据主要是凉山州地区生产总值，而投入数据主要有全社会固定资产投资额和社会从业人员数等。鉴于拉动地区经济增长的三个因素是投资、消费和出口因素，而社会人口既是劳动力的来源，即从供给方面影响生产总值，也从消费需求方面推动经济增长。因此，可以把人口数作为投入变量之一来替代社会从业人员数，进而进行投入产出效率分析。

数据包络分析是作为一个生产单位或服务单位多投入多产出效率分析的一个简便方法，该方法可以测试相对一定的产值大小其规模效率和技术效率状况，一般采取计算机软件 Deap2. 1 程序来进行数据分析。为了解凉山州近几年的投入产出效率状况，本书通过对 2015—2019 年凉山州主要投入产出数据进行数据包络分析展开分解，以深入剖析影响凉山州近几年经济增长的效率因素。有关数据可参见表 2. 3。

表 2.3　凉山州 2015—2019 年投入产出数据表

（单位：亿元，万人）

年份	地区生产总值	全社会固定资产投资额	人口数
2015	1314.84	1073.18	511.78
2016	1407.04	1111.52	512.40
2017	1480.91	1134.04	521.29
2018	1533.19	960.80	529.94
2019	1676.30	1093.40	531.03

数据来源：2015—2019 年凉山州国民经济和社会发展统计公报。

Results from DEAP Version 2.1

Instruction file =300.ins

Data file =300.dta

Output orientated DEA

Scale assumption：VRS

Slacks calculated using multi-stage method

EFFICIENCY SUMMARY：

firm	crste	vrste	scale	
1	0.814	1.000	0.814	irs
2	0.870	1.000	0.870	irs
3	0.900	0.964	0.933	irs
4	1.000	1.000	1.000	-
5	1.000	1.000	1.000	-
mean	0.917	0.993	0.923	

Note: crste = technical efficiency from CRS DEA
vrste = technical efficiency from VRS DEA
scale = scale efficiency = crste/vrste

Note also that all subsequent tables refer to VRS results

SUMMARY OF OUTPUT SLACKS:

firm output:	1
1	0.000
2	0.000
3	0.000
4	0.000
5	0.000
mean	0.000

SUMMARY OF INPUT SLACKS:

firm input:	1	2
1	0.000	0.000
2	0.000	0.000
3	31.167	0.000
4	0.000	0.000
5	0.000	0.000
mean	6.233	0.000

SUMMARY OF PEERS:

firm peers:

1	1	
2	2	
3	5	2
4	4	
5	5	

SUMMARY OF PEER WEIGHTS：
(in same order as above)

firm	peer weights：	
1	1.000	
2	1.000	
3	0.477	0.523
4	1.000	
5	1.000	

PEER COUNT SUMMARY：
(i. e. , no. times each firm is a peer for another)

firm	peer count：
1	0
2	1
3	0
4	0
5	1

SUMMARY OF OUTPUT TARGETS：

firm output：	1
1	1314.840
2	1407.040
3	1535.527

4	1533. 190
5	1676. 300

SUMMARY OF INPUT TARGETS:

firm input:	1	2
1	1073. 180	511. 780
2	1111. 520	512. 400
3	1102. 873	521. 290
4	960. 800	529. 940
5	1093. 400	531. 030

FIRM BY FIRM RESULTS:

Results for firm: 1

Technical efficiency =1. 000

Scale efficiency = 0. 814 (irs)

PROJECTION SUMMARY:

variable		original value	radial movement	slack movement	projected value
output	1	1314. 840	0. 000	0. 000	1314. 840
input	1	1073. 180	0. 000	0. 000	1073. 180
input	2	511. 780	0. 000	0. 000	511. 780

LISTING OF PEERS:

peer	lambda weight
1	1. 000

Results for firm: 2

Technical efficiency =1. 000

Scale efficiency =0. 870 (irs)

PROJECTION SUMMARY:

variable		original value	radial movement	slack movement	projected value
output	1	1407. 040	0. 000	0. 000	1407. 040
input	1	1111. 520	0. 000	0. 000	1111. 520
input	2	512. 400	0. 000	0. 000	512. 400

LISTING OF PEERS:

peer	lambda weight
2	1. 000

Results for firm: 3

Technical efficiency =0. 964

Scale efficiency =0. 933 (irs)

PROJECTION SUMMARY:

variable		original value	radial movement	slack movement	projected value
output	1	1480. 910	54. 617	0. 000	1535. 527
input	1	1134. 040	0. 000	-31. 167	1102. 873
input	2	521. 290	0. 000	0. 000	521. 290

LISTING OF PEERS:

peer	lambda weight
5	0. 477
2	0. 523

Results for firm: 4

Technical efficiency =1. 000

Scale efficiency =1. 000 (crs)

PROJECTION SUMMARY:

variable		original value	radial movement	slack movement	projected value
output	1	1533. 190	0. 000	0. 000	1533. 190

input	1	960. 800	0. 000	0. 000	960. 800
input	2	529. 940	0. 000	0. 000	529. 940

LISTING OF PEERS:

peer　lambda weight

4　1. 000

Results for firm:　5

Technical efficiency　=1. 000

Scale efficiency　=1. 000（crs）

PROJECTION SUMMARY:

variable		original value	radial movement	slack movement	projected value
output	1	1676. 300	0. 000	0. 000	1676. 300
input	1	1093. 400	0. 000	0. 000	1093. 400
input	2	531. 030	0. 000	0. 000	531. 030

LISTING OF PEERS:

peer　lambda weight

5　1. 000

上述数据包络分析结果表明，凉山州 2015 年的规模效率指数为 0. 814，2016 年的规模效率指数为 0. 870，2017 年的规模效率指数为 0. 933，2017 年技术进步效率指数为 0. 964。2018 年和 2019 年的规模效率及技术进步效率指数均为 1，可见凉山州 2018 年和 2019 年的投入产出效率较高。凉山州 2015 年、2016 年和 2017 年仍存在规模递增效益，2015 年和 2016 年由于规模效率指数小于 1，因此投入产出效率有待提高；2017 年由于规模效率指数和技术进步效率指数均低于 1，从而使得 2017 年投入产出效率较低。

（二）凉山州各县市投入产出效率分析

凉山州共有17个县市，为比较分析这17个县市的投入产出效率状况，对其17个县市的投入产出数据进行数据包络分析。同样，与上述案例中的数据处理类似，鉴于拉动17个县市地区经济增长的三个因素是投资、消费和出口因素，而社会人口既是劳动力的来源，即从供给方面影响生产总值，也从消费需求方面推动经济增长。因此，可以把17个县市的人口数作为投入变量之一来替代社会从业人员数，进而进行投入产出效率分析。本案例采用2015年和2016年17个县市的投入产出面板数据进行数据包络分析，数据见下表2.4，分析软件仍采用Deap2.1。

表2.4　2015—2016年凉山州各县市投入产出数据表

县市	2015年			2016年		
	地区产值（万元）	固定投资额（万元）	人口数（万人）	地区产值（万元）	固定投资额（万元）	人口数（万人）
西昌市	4264741	2898735	75.25	4572006	3203842	76.45
木里县	276435	903555	13.25	297390	714063	13.50
盐源县	761404	482049	35.90	757819	570444	36.53
德昌县	627474	673262	21.85	681963	720405	22.00
会理县	2053419	851031	44.05	2190338	940268	44.23
会东县	1178281	980069	37.20	1240795	1162533	37.55
宁南县	495807	950084	18.25	541051	1100097	18.77
普格县	230686	180305	16.05	241943	215159	16.83
布拖县	226409	201046	16.60	245768	220234	17.49
金阳县	281457	185370	16.90	289306	214104	17.17
昭觉县	251044	243538	25.30	274784	303183	25.76
喜德县	191406	145200	16.80	199930	150071	17.11
冕宁县	971443	604396	35.45	1072629	607281	35.75
越西县	340207	293875	27.70	360119	230569	28.76

续表

县市	2015 年			2016 年		
	地区产值（万元）	固定投资额（万元）	人口数（万人）	地区产值（万元）	固定投资额（万元）	人口数（万人）
甘洛县	247086	167075	19. 70	266874	190820	21. 05
美姑县	193350	196924	22. 10	211598	221806	22. 79
雷波县	557717	439024	22. 65	594879	304273	23. 39

数据来源：2015—2016 年凉山州国民经济和社会发展统计公报。

Results from DEAP Version 2. 1

Instruction file =400. ins
Data file = 400. dta

Output orientated DEA

Scale assumption：VRS

Slacks calculated using multi – stage method

EFFICIENCY SUMMARY：

firm	crste	vrste	scale	
1	1. 000	1. 000	1. 000	–
2	0. 368	1. 000	0. 368	irs
3	0. 655	0. 705	0. 929	irs
4	0. 546	0. 883	0. 618	irs
5	1. 000	1. 000	1. 000	–
6	0. 630	0. 701	0. 899	irs
7	0. 479	0. 861	0. 557	irs
8	0. 530	1. 000	0. 530	irs
9	0. 467	0. 843	0. 554	irs

10	0. 629	1. 000	0. 629	irs
11	0. 427	0. 557	0. 767	irs
12	0. 546	1. 000	0. 546	irs
13	0. 666	0. 693	0. 962	irs
14	0. 480	0. 583	0. 823	irs
15	0. 613	0. 992	0. 618	irs
16	0. 407	0. 590	0. 690	irs
17	0. 528	0. 809	0. 652	irs
mean	0. 587	0. 836	0. 714	

Note：crste = technical efficiency from CRS DEA
vrste = technical efficiency from VRS DEA
scale = scale efficiency = crste/vrste

Note also that all subsequent tables refer to VRS results

SUMMARY OF OUTPUT SLACKS：

firm output：	1
1	0. 000
2	0. 000
3	0. 000
4	0. 000
5	0. 000
6	0. 000
7	0. 000
8	0. 000
9	0. 000
10	0. 000
11	0. 000

12	0.000
13	0.000
14	0.000
15	0.000
16	0.000
17	0.000
mean	0.000

SUMMARY OF INPUT SLACKS：

firm input：

	1	2
1	0.000	0.000
2	0.000	0.000
3	0.000	6.095
4	0.000	0.000
5	0.000	0.000
6	0.000	0.000
7	0.000	0.000
8	0.000	0.000
9	0.000	0.000
10	0.000	0.000
11	0.000	4.703
12	0.000	0.000
13	0.000	0.922
14	0.000	5.160
15	0.000	2.055
16	0.000	3.303
17	0.000	0.000

mean	0.000	1.308

SUMMARY OF PEERS:

firm	peers:		
1	1		
2	2		
3	5	12	
4	5	2	8
5	5		
6	5	1	2
7	1	2	5
8	8		
9	5	2	8
10	10		
11	5	12	
12	12		
13	5	12	
14	5	12	
15	5	12	
16	5	12	
17	5	2	8

SUMMARY OF PEER WEIGHTS:
(in same order as above)

firm	peer weights:
1	1.000
2	1.000

3	0. 477	0. 523	
4	0. 252	0. 448	0. 300
5	1. 000		
6	0. 665	0. 056	0. 279
7	0. 026	0. 864	0. 110
8	1. 000		
9	0. 021	0. 010	0. 970
10	1. 000		
11	0. 139	0. 861	
12	1. 000		
13	0. 651	0. 349	
14	0. 211	0. 789	
15	0. 031	0. 969	
16	0. 073	0. 927	
17	0. 248	0. 127	0. 624

PEER COUNT SUMMARY：

(i. e. , no. times each firm is a peer for another)

firm	peer count：
1	2
2	5
3	0
4	0
5	11
6	0
7	0
8	3
9	0
10	0

11	0
12	6
13	0
14	0
15	0
16	0
17	0

SUMMARY OF OUTPUT TARGETS：

firm output：	1
1	4264741. 000
2	276435. 000
3	1080028. 371
4	710393. 525
5	2053419. 000
6	1681186. 081
7	575683. 754
8	230686. 000
9	268672. 618
10	281457. 000
11	450825. 938
12	191406. 000
13	1402785. 100
14	583617. 142
15	249113. 205
16	327856. 171
17	689360. 687

SUMMARY OF INPUT TARGETS：

firm input：	1	2
1	2898735. 000	75. 250
2	903555. 000	13. 250
3	482049. 000	29. 805
4	673262. 000	21. 850
5	851031. 000	44. 050
6	980069. 000	37. 200
7	950084. 000	18. 250
8	180305. 000	16. 050
9	201046. 000	16. 600
10	185370. 000	16. 900
11	243538. 000	20. 597
12	145200. 000	16. 800
13	604396. 000	34. 528
14	293875. 000	22. 540
15	167075. 000	17. 645
16	196924. 000	18. 797
17	439024. 000	22. 650

FIRM BY FIRM RESULTS：

Results for firm：　1
Technical efficiency ＝1. 000
Scale efficiency ＝1. 000 （crs）
PROJECTION SUMMARY：

variable		original value	radial movement	slack movement	projected value
output	1	4264741. 000	0. 000	0. 000	4264741. 000

input	1	2898735. 000	0. 000	0. 000	2898735. 000
input	2	75. 250	0. 000	0. 000	75. 250

LISTING OF PEERS:

peer	lambda weight
1	1. 000

Results for firm:　　2

Technical efficiency　=1. 000

Scale efficiency　　=0. 368　(irs)

PROJECTION SUMMARY:

variable		original value	radial movement	slack movement	projected value
output	1	276435. 000	0. 000	0. 000	276435. 000
input	1	903555. 000	0. 000	0. 000	903555. 000
input	2	13. 250	0. 000	0. 000	13. 250

LISTING OF PEERS:

peer	lambda weight
2	1. 000

Results for firm:　　3

Technical efficiency　=0. 705

Scale efficiency　　=0. 929　(irs)

PROJECTION SUMMARY:

variable		original value	radial movement	slack movement	projected value
output	1	761404. 000	318624. 371	0. 000	1080028. 371
input	1	482049. 000	0. 000	0. 000	482049. 000
input	2	35. 900	0. 000	-6. 095	29. 805

LISTING OF PEERS:

peer	lambda weight
5	0. 477
12	0. 523

Results for firm: 4

Technical efficiency =0. 883

Scale efficiency =0. 618 (irs)

PROJECTION SUMMARY:

variable		original value	radial movement	slack movement	projected value
output	1	627474. 000	82919. 525	0. 000	710393. 525
input	1	673262. 000	0. 000	0. 000	673262. 000
input	2	21. 850	0. 000	0. 000	21. 850

LISTING OF PEERS:

peer	lambda weight
5	0. 252
2	0. 448
8	0. 300

Results for firm: 5

Technical efficiency =1. 000

Scale efficiency =1. 000 (crs)

PROJECTION SUMMARY:

variable		original value	radial movement	slack movement	projected value
output	1	2053419. 000	0. 000	0. 000	2053419. 000
input	1	851031. 000	0. 000	0. 000	851031. 000
input	2	44. 050	0. 000	0. 000	44. 050

LISTING OF PEERS:

peer	lambda weight
5	1.000

Results for firm: 6

Technical efficiency =0.701

Scale efficiency =0.899 (irs)

PROJECTION SUMMARY:

variable		original value	radial movement	slack movement	projected value
output	1	1178281.000	502905.081	0.000	1681186.081
input	1	980069.000	0.000	0.000	980069.000
input	2	37.200	0.000	0.000	37.200

LISTING OF PEERS:

peer	lambda weight
5	0.665
1	0.056
2	0.279

Results for firm: 7

Technical efficiency =0.861

Scale efficiency =0.557 (irs)

PROJECTION SUMMARY:

variable		original value	radial movement	slack movement	projected value
output	1	495807.000	79876.754	0.000	575683.754
input	1	950084.000	0.000	0.000	950084.000
input	2	18.250	0.000	0.000	18.250

LISTING OF PEERS:

peer	lambda weight
1	0.026
2	0.864
5	0.110

Results for firm: 8

Technical efficiency =1.000

Scale efficiency =0.530 (irs)

PROJECTION SUMMARY:

variable		original value	radial movement	slack movement	projected value
output	1	230686.000	0.000	0.000	230686.000
input	1	180305.000	0.000	0.000	180305.000
input	2	16.050	0.000	0.000	16.050

LISTING OF PEERS:

peer	lambda weight
8	1.000

Results for firm: 9

Technical efficiency =0.843

Scale efficiency =0.554 (irs)

PROJECTION SUMMARY:

variable		original value	radial movement	slack movement	projected value
output	1	226409.000	42263.618	0.000	268672.618
input	1	201046.000	0.000	0.000	201046.000
input	2	16.600	0.000	0.000	16.600

LISTING OF PEERS:

peer	lambda weight
5	0.021
2	0.010
8	0.970

Results for firm: 10

Technical efficiency = 1.000

Scale efficiency = 0.629 (irs)

PROJECTION SUMMARY:

variable		original value	radial movement	slack movement	projected value
output	1	281457.000	0.000	0.000	281457.000
input	1	185370.000	0.000	0.000	185370.000
input	2	16.900	0.000	0.000	16.900

LISTING OF PEERS:

peer	lambda weight
10	1.000

Results for firm: 11

Technical efficiency = 0.557

Scale efficiency = 0.767 (irs)

PROJECTION SUMMARY:

variable		original value	radial movement	slack movement	projected value
output	1	251044.000	199781.938	0.000	450825.938
input	1	243538.000	0.000	0.000	243538.000
input	2	25.300	0.000	-4.703	20.597

LISTING OF PEERS:

peer	lambda weight
5	0.139
12	0.861

Results for firm: 12

Technical efficiency =1.000

Scale efficiency =0.546 (irs)

PROJECTION SUMMARY:

variable		original value	radial movement	slack movement	projected value
output	1	191406.000	0.000	0.000	191406.000
input	1	145200.000	0.000	0.000	145200.000
input	2	16.800	0.000	0.000	16.800

LISTING OF PEERS:

peer	lambda weight
12	1.000

Results for firm: 13

Technical efficiency =0.693

Scale efficiency =0.962 (irs)

PROJECTION SUMMARY:

variable		original value	radial movement	slack movement	projected value
output	1	971443.000	431342.100	0.000	1402785.100
input	1	604396.000	0.000	0.000	604396.000
input	2	35.450	0.000	-0.922	34.528

LISTING OF PEERS:

peer	lambda weight
5	0. 651
12	0. 349

Results for firm:　　14
Technical efficiency =0. 583
Scale efficiency　　=0. 823 (irs)
PROJECTION SUMMARY:

variable		original value	radial movement	slack movement	projected value
output	1	340207. 000	243410. 142	0. 000	583617. 142
input	1	293875. 000	0. 000	0. 000	293875. 000
input	2	27. 700	0. 000	-5. 160	22. 540

LISTING OF PEERS:

peer	lambda weight
5	0. 211
12	0. 789

Results for firm:　　15
Technical efficiency =0. 992
Scale efficiency　　=0. 618 (irs)
PROJECTION SUMMARY:

variable		original value	radial movement	slack movement	projected value
output	1	247086. 000	2027. 205	0. 000	249113. 205
input	1	167075. 000	0. 000	0. 000	167075. 000
input	2	19. 700	0. 000	-2. 055	17. 645

LISTING OF PEERS:

peer	lambda weight
5	0.031
12	0.969

Results for firm: 16

Technical efficiency =0.590

Scale efficiency =0.690 (irs)

PROJECTION SUMMARY:

variable		original value	radial movement	slack movement	projected value
output	1	193350.000	134506.171	0.000	327856.171
input	1	196924.000	0.000	0.000	196924.000
input	2	22.100	0.000	-3.303	18.797

LISTING OF PEERS:

peer	lambda weight
5	0.073
12	0.927

Results for firm: 17

Technical efficiency =0.809

Scale efficiency =0.652 (irs)

PROJECTION SUMMARY:

variable		original value	radial movement	slack movement	projected value
output	1	557717.000	131643.687	0.000	689360.687
input	1	439024.000	0.000	0.000	439024.000
input	2	22.650	0.000	0.000	22.650

LISTING OF PEERS：

peer	lambda weight
5	0. 248
2	0. 127
8	0. 624

由上述数据包络分析结果可见，凉山州 17 个县市除了西昌市、会理县综合效率指数为 1，达到规模不变效益、投入产出效率较高外，其余 15 个县均处于规模递增收益阶段，即投入产出效率有待提高。凉山州 17 个县市的效率指数结果如下表 2. 5 所示。表 2. 5 中数据显示，木里县综合效率指数和规模效率指数均为 0. 368，技术进步效率指数为 1，可见木里县投入产出效率低主要是由于规模效率低、投资规模不足。盐源县技术进步效率指数为 0. 705，规模效率指数为 0. 929，可见该县投入产出效率低主要是由于技术进步不够和投资规模不足。德昌县技术进步效率指数为 0. 883，规模效率指数为 0. 618，该县投入产出效率低是由于技术进步不够和投资规模不足。

表 2. 5　凉山州各县市投入产出效率指数情况表

县市	序号	综合效率指数	技术进步效率指数	规模效率指数	规模收益阶段
西昌市	1	1. 000	1. 000	1. 000	–
木里县	2	0. 368	1. 000	0. 368	irs
盐源县	3	0. 655	0. 705	0. 929	irs
德昌县	4	0. 546	0. 883	0. 618	irs
会理县	5	1. 000	1. 000	1. 000	–
会东县	6	0. 630	0. 701	0. 899	irs
宁南县	7	0. 479	0. 861	0. 557	irs
普格县	8	0. 530	1. 000	0. 530	irs
布拖县	9	0. 467	0. 843	0. 554	irs

续表

县市	序号	综合效率指数	技术进步效率指数	规模效率指数	规模收益阶段
金阳县	10	0.629	1.000	0.629	irs
昭觉县	11	0.427	0.557	0.767	irs
喜德县	12	0.546	1.000	0.546	irs
冕宁县	13	0.666	0.693	0.962	irs
越西县	14	0.480	0.583	0.823	irs
甘洛县	15	0.613	0.992	0.618	irs
美姑县	16	0.407	0.590	0.690	irs
雷波县	17	0.528	0.809	0.652	irs

会东县技术进步效率指数为0.701，规模效率指数为0.899，可见该县投入产出效率低主要是由于技术进步不够和投资规模不足。宁南县技术进步效率指数为0.861，规模效率指数为0.557，可见该县投入产出效率低主要是由于技术进步不够和投资规模不足，但投资规模不足影响更大。普格县技术进步效率指数为1，规模效率指数为0.530，可见该县投入产出效率低主要是由于投资规模不足。布拖县技术进步效率指数为0.843，规模效率指数为0.554，可见该县投入产出效率低也是由于技术进步不够和投资规模不足，但投资规模不足影响更大。金阳县技术进步效率指数为1，规模效率指数为0.629，可见该县投入产出效率低主要是由于投资规模不足。昭觉县技术进步效率指数为0.557，规模效率指数为0.767，可见该县投入产出效率低主要是由于技术进步不够和投资规模不足，但技术进步不够影响更大。喜德县技术进步效率指数为1，规模效率指数为0.546，可见该县投入产出效率低主要是由于投资规模不足。冕宁县技术进步效率指数为0.693，规模效率指数为0.962，可见该县投入产出效率低也是由于技术进步不够及投资规模不足，但技术进步因素影响更大。越西县技术进步效率指数为0.583，规模效率指数为0.823，可见该县投入产出效率低同样是由

于技术进步不够及投资规模不足，主要影响因素是技术进步不够。甘洛县技术进步效率指数为0.992、接近于1，规模效率指数为0.618，可见该县投入产出效率低主要是由于投资规模不足。美姑县技术进步效率指数为0.590，规模效率指数为0.690，可见该县投入产出效率低是由于技术进步不够和投资规模不足。雷波县技术进步效率指数为0.809，规模效率指数为0.652，可见该县投入产出效率低也是由于技术进步不够和投资规模不足，其中投资规模不足影响较大。

凉山州每个县的影响因素不一，可能是一个因素，也可能是两个因素同时影响。深入理解把握上述投入产出效率影响因素分析，才能在扶贫攻坚工作中对症下药、因地制宜，集中优势资源打好脱贫攻坚战。

第三章

凉山少数民族地区产业发展动态分析

凉山地区产业扶贫要实现真抓实干，成为凉山地区经济发展的增长点和催化剂，必须要摸清凉山地区产业发展的实际状况和发展演变规律。只有把握了凉山地区产业发展的内在规律，才能抓住凉山产业发展的重点即主导产业的发展，从而循序渐进、由点到面地促进凉山地区经济全面发展。

第一节　凉山少数民族地区产业发展现状分析

为全面了解凉山地区产业发展状况，本节将对凉山地区的产业发展总体布局与产业总体发展状况、凉山地区民营经济或非公经济状况以及凉山地区各分类产业发展状况作概括介绍。

一、凉山地区产业发展总体布局与发展状况

凉山地区围绕清洁能源、旅游资源、钒钛稀土战略资源、特色农业和民族文化五大资源，着力调整结构，转型升级，推进“全域旅游”、清洁能源、钒钛稀土战略资源、装备制造、食品药品加工、信息化“4 +1”现代工业产业和以核桃为主的“1 + X”林业生态产业、“果薯蔬草药 + 加工 + 电商”农牧产业发展，以及以高速公路、高铁、城市基础设施等为代表的现代基础设施建设，精心策划、筛选、包装了涵盖新材料、新技术、新能源、西昌换季办公总部基地、战略资源开发、大凉山旅游、现代农业、基础设施等领域的项目，完成了总投资 5306.17 亿元的 289 个项目的

包装策划工作，实现各行业、领域全覆盖，并制作了新版项目册、投资指南和鼓励投资政策汇编。

从凉山地区近5年来的国民经济总量发展状况来看，总产值以及各大产业产值基本实现平稳增长。2014年全州地区生产总值（GDP）达到1314.3亿元，与上年相比增长8.5%。其中：第一产业增加值253.3亿元，增长4.5%，对经济增长的贡献率为9.3%；第二产业增加值693.4亿元，增长10.6%，对经济增长的贡献率达到69.1%；第三产业增加值367.6亿元，增长6.7%，对经济增长的贡献率为21.6%。人均GDP达到28556元，比上年增长7.8%。三次产业比重为19.3∶52.7∶28.0。

2015年全州地区生产总值（GDP）达到1314.84亿元，与上年相比增长2.8%。其中：第一产业增加值263.58亿元，增长4.3%，对经济增长的贡献率为24.8%；第二产业增加值648.65亿元，增长0.1%，对经济增长的贡献率达到2.2%；第三产业增加值402.61亿元，增长7.6%，对经济增长的贡献率为73.0%。人均GDP达到28276元，比上年增长1.8%。三次产业比重为20.0∶49.4∶30.6。国民经济实现平稳增长。

2016年全州地区生产总值（GDP）达到1407.04亿元，与上年相比增长7.0%。其中：第一产业增加值280.71亿元，增长4.2%，对经济增长的贡献率为14.0%；第二产业增加值684.15亿元，增长6.6%，对经济增长的贡献率达到54.6%；第三产业增加值439.06亿元，增长6.1%，对经济增长的贡献率为31.4%。人均GDP达到29549元，比上年增长3.7%。三次产业比重为20.0∶48.7∶31.3。

2017年全州地区生产总值（GDP）达到1480.91亿元，与上年相比增长5.3%。其中：第一产业增加值296.52亿元，增长3.8%，对经济增长的贡献率为14.5%；第二产业增加值621.88亿元，增长5.0%，对经济增长的贡献率达到39.1%；第三产业增加值562.51亿元，增长6.5%，对经济增长的贡献率为46.4%。人均GDP达到30669元，比上年增长3.7%。三次产业比重为20.0∶42.0∶38.0。

2018 全州地区生产总值（GDP）达到 1533.19 亿元，与上年相比增长 4.0%。其中：第一产业增加值 307.61 亿元，增长 3.8%，对经济增长的贡献率为 18.8%；第二产业增加值 613.13 亿元，增长 0.6%，对经济增长的贡献率达到 6.5%；第三产业增加值 612.45 亿元，增长 7.9%，对经济增长的贡献率为 74.7%。人均 GDP 达到 31472 元，比上年增长 3.1%。三次产业比重为 20.1：40.0：39.9。

从上述近 5 年的国民经济总量和各产业产值发展数据来看，第二产业产值占比最大，但是近 5 年来的增长率不断下降，呈现发展不足态势。第三产业产值增长呈现上升势头，显示第三产业发展呈现可喜局面。凉山地区生产总值（GDP）在近 5 年虽有波动，但仍保持一定比例的增长。凉山地区生产总值作为凉山国民经济总量指标显示了凉山经济发展的总体状况较好，但仍有提高空间。

二、凉山地区民营及非公经济发展状况

凉山地区民营经济和非公经济是凉山地区国民经济的重要组成部分，构成了凉山经济发展的半壁江山。从近几年凉山经济发展统计数据即可略窥一斑。2015 年凉山非公经济（含民营经济）发展较为缓慢，2015 年全年非公经济实现增加值 729.74 亿元，与上年相比增长 1.6%。其中：第一产业增加值 89.19 亿元，增长 2.9%；第二产业增加值 438.02 亿元，下降 0.3%；第三产业增加值 202.53 亿元，增长 6.5%。非公经济增加值占地区生产总值的比重为 55.5%，比上年下降 1.4 个百分点，对经济增长的贡献率达 33.6%。

2016 年非公经济（含民营经济）实现增加值 768.69 亿元，与上年相比增长 5.6%。其中：民营经济第一产业增加值 93.11 亿元，增长 4.2%；民营经济第二产业增加值 459.31 亿元，增长 6.1%；民营经济第三产业增加值 216.27 亿元，增长 5.2%。民营经济增加值占地区生产总值的比重为 54.8%，比上年下降 0.7 个百分点，对经济增长的贡献率达 52.3%。

2017 年民营经济（包括个体、私营、外商和港澳台经济）或非公经济实现增加值 810.83 亿元，与上年相比增长 5.8%。其中：民营经济第一产业增加值 98.52 亿元，增长 3.9%；民营经济第二产业增加值 406.91 亿元，增长 4.5%；民营经济第三产业增加值 305.40 亿元，增长 8.0%。民营经济增加值占地区生产总值的比重为 54.8 %，与上年持平，对经济增长的贡献率达 59.2%。

2018 年民营经济或非公经济实现增加值 779.12 亿元，与上年相比增长 6.5%。其中：民营经济第一产业增加值 102.19 亿元，增长 3.8%；民营经济第二产业增加值 377.25 亿元，增长 5.8%；民营经济第三产业增加值 299.68 亿元，增长 8.4%。民营经济增加值占地区生产总值的比重为 50.8%，对经济增长的贡献率达 81.8%。

从上述几年凉山地区非公经济产值情况来看，非公经济或民营经济所占比重呈现下降趋势，但仍占总体经济一半以上。由此可见，非公经济发展具有极为重要的意义。将凉山地区非公经济发展纳入整体经济发展规划，在整体发展战略规划中进行适当引导并制定相关激励政策措施，非公经济（含民营经济）发展必将对凉山地区扶贫脱贫事业发展作出极大贡献。

三、凉山地区分类产业发展状况

上述两节对凉山地区产业发展总体状况和非公经济（含民营经济）状况作了大致介绍，本节将从分类产业发展角度进行分析。

1. 第一产业发展状况

近年来，凉山地区加快推进农业产业化进程，农业综合生产能力进一步提高，农村经济提质增效。全年实现农林牧渔业及其服务业总产值 531 亿元，增长 3.7%。

凉山种植业实现增产增效。2018 年粮食作物播种面积 52.1 万公顷，与上年相比减少 0.5%，占农作物总播种面积的比重为 70.5%；全年粮食总产量达到 242 万吨，增长 0.6%，平均亩产 310 公斤。主要经济作物中，油类作物产量 3.2 万吨，增长 4.0%；烤烟产量 10.9 万吨，下降 17.8%；蔬菜及食用菌产量 309.7 万吨，增长 2.8%；园林水果产量 162.8 万吨，增长 13.8%。在发展农林牧渔及种植业的同时，生态环境保护实现新提升。中央、省环保督察和“回头看”发现问题整改扎实推进，生态环境质量总体改善，绿色发展迈出坚实步伐。全年完成造林面积 8.97 万公顷，其中：完成退耕还林造林面积 17120 公顷，年末全州森林覆盖率 43.0%。森林保护工作继续巩固，森林火灾损失控制在 0.013‰以下，森林病虫害防治率 98.6%。空气优良天数达 359 天，土壤环境质量总体保持稳定。

畜牧业稳步发展。2018 年全年出栏肉猪 492 万头，增长 1.5%；羊出栏 424 万只，与上年相比减少 1.0%；牛出栏 36 万头，与上年相比增长 2.7%；家禽出栏 1905 万只，与上年相比增长 4.8%。全年肉类总产量达 49.4 万吨，与上年相比增长 1.7%，其中：猪肉产量 34.7 万吨，增长 2.1%；羊肉产量 6.9 万吨，减少 2.2%；牛肉产量 4.6 万吨，增长 2.4%；家禽肉产量 2.8 万吨，增长 6.0%；牛奶产量 4.5 万吨，增长 5.7%；蚕茧产量 2.7 万吨，增长 4.6%。实现畜牧业产值 196 亿元，增长 2.4%。同时，农田水利建设成效显著，生产条件进一步改善。年末累计农田有效灌溉面积 18.6 万公顷，新增 1.5 万公顷；全年农用化肥施用量（折纯）13.7 万吨，下降 0.3%；年末农业机械总动力 353.35 万千瓦小时。

2. 第二产业发展状况

近年来，凉山地区坚持在稳增长中调结构、促转型、增效益，加快建设现代产业体系，增强经济创新力和竞争力，大力推进工业转型升级。2018 年全部工业实现增加值 345.63 亿元，与上年相比下降 4.3%，年末规模以上工业企业达到 311 个，规模以上工业增加值下降 5.5%，销售产值下降 0.7%。规模以上工业主要产品产量中，铁矿石原矿产量 2028.3 万吨，下降 20.3%；铜选矿产品含铜量 3.1 万吨，下降 24.4%；铅选矿产品含铅量 3.0 万吨，下降 21.1%；锌选矿产品含锌量 9.2 万吨，下降 16.4%；磷矿石（折含五氧化二磷 30%）产量 132.5 万吨，下降 31.9%；磷酸一铵产量 68.9 万吨，增长 2.1%；发电量 1090.9 亿千瓦小时，增长 1.6%，其中风电 39.9 亿千瓦小时，增长 35.1%；太阳能发电量 6.5 亿千瓦小时，下降 0.3%。钢材产量 376.7 万吨，增长 8.7%；水泥产量 565.3 万吨，增长 2.5%。规模以上工业企业实现主营业务收入 874.3 亿元，下降 7.2%；盈亏相抵后的利润总额为 149.6 亿元，增长 13.4%；利税总额为 217.5 亿元，增长 7.9%。年末规模以上工业企业亏损面为 29.1%，比上年上升 4.8 个百分点；亏损额 13.8 亿元，上升 43.5%；产销率 99.9%。建筑业稳步增长。全社会建筑业实现增加值 267.54 亿元，增长 8.5%。全州资质等级四级及四级以上的建筑企业 281 个，完成建筑业总产值 248.4 亿元，增长 26.4%。

3. **第三产业发展状况**

凉山地区近年来大力推进项目建设，以重大产业、重大基础设施和民生设施项目为重点，增强投资拉动，从而为第三产业发展奠定设施基础。2018 年完成全社会固定资产投资 960.8 亿元，在投资构成中，第一产业投资 24 亿元，下降 35.1%；第二产业投资 272.6 亿元，下降 34.3%；第三产业投资 664.2 亿元，增长 20.3%。此外，更新改造投资完成 129.2 亿元，下降 10.1%；房地产开发投资完成 181.8 亿元，增长 254.2%。主要行业中，农林牧渔业投资 24.5 亿元，下降 40.2；采矿业投资 19.1 亿元，下降 23.5%；制造业投资 29.4 亿元，下降 18.3%；电力、热力、燃气及水的生产和供应业投资 203 亿元，下降 29.6%；交通运输、仓储和邮政业投资 190.6 元，增长 2.2%。此外，在水利、环境和公共设施管理业投资 47.9 亿元；教育业投资 21.2 亿元。2018 年全年投产项目达到 360 个，项目建成投产率 46.2%。新增固定资产 327.8 亿元，固定资产交付使用率 34.1%。从上述数据可见，第三产业投资明显加快，投资力度较其他产业更大，为迎来第三产业发展高峰打下扎实基础。

近年来，在国家扩大内需、提升消费的政策效应下，凉山消费品市场不断发力，实现新突破。2018 年全年社会消费品零售总额达到 649.6 亿元，比上年增长 10.4%，其中：商品零售 538.8 亿元，增长 10.3%；餐饮收入 110.8 亿元，增长 11.2%。从城乡市场看，城镇市场零售额为 468.3 亿元，增长 10.3%；乡村市场零售额为 181.3 亿元，增长 10.6%。批发零售贸易企业完成销售总额 1076.3 亿元，增长 10.6%，其中：批发业销售 386.8 亿元，增长 6.1%；零售业销售 689.4 亿元，增长 13.3%。

凉山旅游业也得到强劲发展。凉山实施全域旅游发展规划，精心打造“五大精品旅游线路”，大力发展全域旅游和乡村旅游。2018 年全年共接待国内外旅游者 4651.14 万人次，与上年相比增长 5.25%；旅游总收入 436.67 亿元，增长 20.93%；旅游外汇收入 20.01 万美元，增长 564.78%。

此外，凉山广泛开展国际经贸交流合作，推进区域合作，不断拓宽对外经济合作领域。2018 年共签约招商引资项目 56 个，协议引进资金 549.35 亿元，实际到位资金 450.2 亿元。全年出口创汇 4889 万美元，增长 2.34%。交通运输服务业也得到稳步发展。年底全州公路通车里程达到 27585.77 公里，其中：等级公路通车里程 24681.54 公里，高速公路通车里程 212.74 公里。全年完成公路货物周转量 1301141 万吨公里，增长 7%；旅客周转量 348937 万人公里，增长 8.8%。邮电通讯业也快速增长。全州邮政通讯企业全年完成主营业务收入 26.63 亿元，增长 7.5%。年末国际互联网上网用户数 266.59 万户；固定电话用户数 52.93 万户，增长 10.0%；移动电话用户数 414.66 万户，增长 19.4%。

从上述三大产业发展情况描述来看，目前第三产业发展前景较为喜人。从凉山地区发展实际来看，基于本地区各项条件约束，凉山地区经济发展应选择特色发展之路，包括特色生态农业、特色工业和第三产业等有利于本地区可持续发展的产业。只有选好主导产业或支柱产业，充分发挥产业辐射效应或扩散效应，才能打好产业可持续精准扶贫攻坚战。

第二节　凉山少数民族地区产业发展水平分析

上一节全面介绍了凉山地区产业发展的现状，本节将采用近10年产业统计数据对凉山地区产业发展规模进行动态分析。鉴于近10年来凉山地区物价较为平稳，因此在进行动态分析时主要采用不变价格法下的数据分析。有关凉山地区生产总值以及各产业增加值统计数据见下表3.1。

表3.1　凉山州2008—2018年地区生产总值和各产业增加值

年份	地区生产总值（亿元）	第一产业产值（亿元）	第二产业产值（亿元）	第三产业产值（亿元）	人均地区产值（万元）
2008	556.42	152.42	213.22	190.78	1.28
2009	627.12	157.46	256.08	213.58	1.43
2010	784.19	172.06	371.05	241.08	1.76
2011	1000.13	194.56	523.57	232	2.2
2012	1122.67	218.8	587.86	316.01	2.47
2013	1213.8	242.4	626.9	344.5	2.58
2014	1314.3	253.3	693.4	367.6	2.78
2015	1314.84	263.58	648.65	402.61	2.83
2016	1403.92	280.71	684.15	439.06	2.95
2017	1480.91	296.52	621.88	562.51	3.07
2018	1533.19	307.61	613.13	612.45	3.15

数据来源：凉山州2008—2018年国民经济和社会发展统计公报。

表3.1数据是凉山州经济总量实际统计数值，数据显示，2008—2018年期间，凉山州地区生产总值、第一产业增加值、第三产业增加值以及人均生产总值基本上是逐年递增的，只有第二产业增加值在近5年来呈下降趋势，但在2016年又有所上升。具体各指标的变动规律可参见图3.1。

由图3.1可见，凉山州地区生产总值基本上逐年增长，只是在2015年

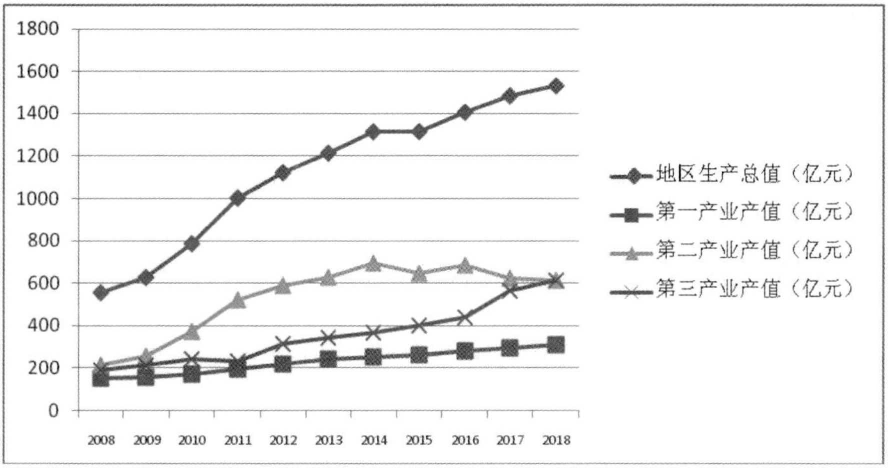

图 3.1　2008—2018 年凉山州地区产业总值和各产业增加值变动趋势

持平微涨。第一产业增加值呈现平缓增长趋势，第三产业增加值近年来增幅较大。第二产业增加值呈现先增长后下降趋势，显示近年来第二产业发展呈现疲软趋势。由此可见，在保持凉山州第三产业继续发展壮大的同时，要适当加大第二产业发展的速度和规模，使第二产业能够推进整体产业布局的优化，成为其他产业发展的重要支撑。

为了解各大产业的发展趋势，有必要分析凉山州各经济总量指标的增长率数据状况。上述各指标的增长率数据可见表 3.2。

表 3.2　凉山州 2009—2018 年地区生产总值和各产业增加值增长率

年份	地区生产总值增长率	第一产业增长率	第二产业增长率	第三产业增长率	人均地区产值增长率
2009	12.7%	3.3%	20.1%	12.0%	11.7%
2010	25.0%	9.3%	44.9%	12.9%	23.1%
2011	27.5%	13.1%	41.1%	-3.8%	25.0%
2012	12.3%	12.5%	12.3%	36.2%	12.3%
2013	8.1%	10.8%	6.6%	9.0%	4.5%
2014	8.3%	4.5%	10.6%	6.7%	7.8%

续表

年份	地区生产总值增长率	第一产业增长率	第二产业增长率	第三产业增长率	人均地区产值增长率
2015	0.04%	4.1%	-6.5%	9.5%	1.8%
2016	6.8%	6.5%	5.5%	9.1%	4.2%
2017	5.5%	5.6%	-9.1%	28.1%	4.1%
2018	3.5%	3.7%	-1.4%	8.9%	2.6%

数据来源：凉山州 2008—2018 年国民经济和社会发展统计公报，通过表 3.1 相关数据计算得到。

通过表 3.2 数据以及图 3.2 所示可以看出，近年来凉山州第二产业产值有负增长情况。第一产业增长率有所减缓，第三产业增长率较高，可见其增长势头较好。通过上述数据分析，可以得出如下结论：凉山地区第一产业要优化发展，要选准适宜于当地的特色农业精准扶持，这样才能实现第一产业可持续发展；第二产业一般是资金密集型产业和技术密集型产业，因此要着力发展凉山地区第二产业，产业扶贫要有所为和有所不为，要从凉山地区整体产业布局来通盘考虑，择其优者而发展。对于凉山地区第三产业发展，也要因地制宜、实现可持续发展。

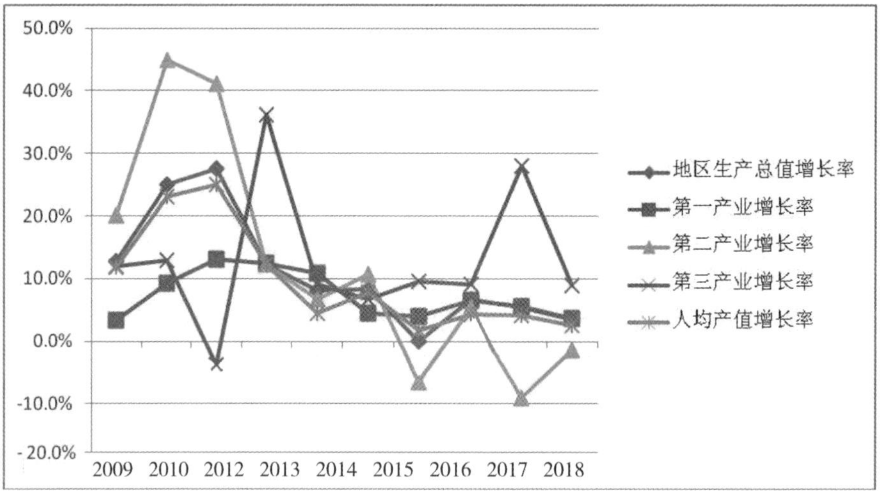

图 3.2　2009—2018 年凉山州地区生产总值和各产业增加值增长率

第三节　凉山少数民族地区产业发展结构分析

上一节通过对凉山地区生产总值以及各产业增加值总量以及增长率的分析，可以比较清晰地了解凉山地区三大产业的发展变动趋势。本节在此基础上对凉山地区三大产业结构的变化规律进行深入分析。凉山地区三大产业的增加值所占比重可以参见表 3.3 中数据。通过表 3.3 数据可以对凉山地区三大产业结构略窥一斑。

表 3.3　2008—2018 年凉山州三大产业所占比重

年份	第一产业比重	第二产业比重	第三产业比重
2008	27.39%	38.32%	34.29%
2009	25.11%	40.83%	34.06%
2010	21.94%	47.32%	30.74%
2011	19.45%	52.35%	23.20%
2012	19.49%	52.36%	28.15%
2013	19.97%	51.65%	28.38%
2014	19.27%	52.76%	27.97%
2015	20.05%	49.33%	30.62%
2016	19.99%	48.73%	31.27%
2017	20.02%	41.99%	37.98%
2018	20.06%	39.99%	39.95%

数据来源：通过表 3.1 相关数据计算得到。

由表 3.3 数据可见，凉山地区第一产业所占比重近年来基本保持在 20% 左右，近 5 年来呈现微涨趋势。近 10 年来凉山地区第二产业所占比重呈现先升后降趋势，近 5 年来第二产业所占比重基本逐年递减。近 10 年来凉山地区第三产业所占比重则是先降后升趋势，与第二产业所占比重演变趋势正好连接成了一个闭环曲线图。凉山地区三大产业的结构变化趋势总体上是符合产业结构转型升级的发展规律，到2018年三大产业结构基本上呈现2：4：4局面。在第二产业发展基本稳定后，凉山地区产业结构会过渡到2：3.5：4.5，再经历产业转型升级后将继续演变到2：3：5，也可能会演变到1.5：3.5：5等局面。根据凉山地区的人文历史地理以及资源状况，其产业结构演变到1.5：3.5：5可能较为理想。有关凉山地区近年来产业结构的变化趋势可参见图3.3。

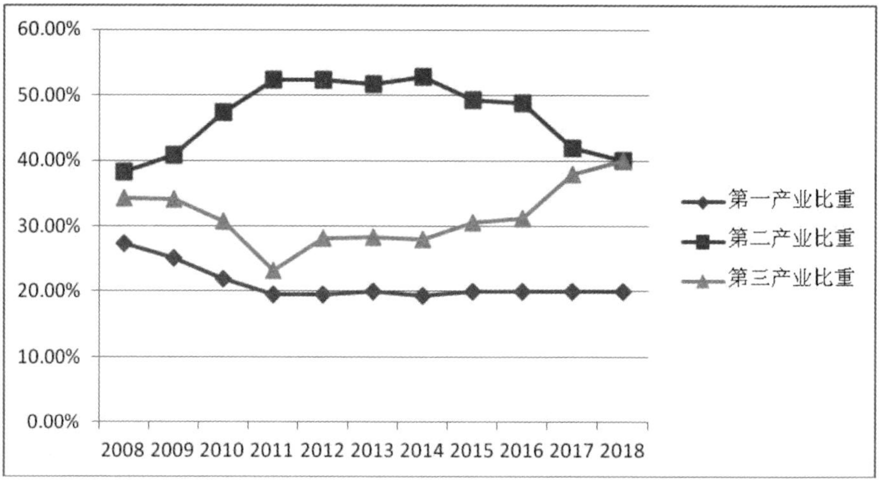

图3.3　2008—2018年凉山地区三大产业所占比重变动趋势

根据图3.3所示，未来凉山地区通过与发达地区结对扶贫，第一产业将会走向与发达地区互补发展之路。因此，凉山地区第一产业比重很可能保持在20%左右不下降。第二产业比重很可能会在第三产业比重持续提升的基础上下探。因此，在凉山地区实施精准扶贫的当下，在确保凉山地区实现全面脱贫之时，该地区产业结构的目标结构应该是2：3.5：4.5，这也是较为切实可行的凉山地区产业结构状态。

第四节　凉山少数民族地区产业发展效率分析

本书在第二章第五节对凉山州的整体投入产出效率以及凉山州 17 个县市的投入产出效率分别进行了数据包络分析，得到了凉山州近几年来扶贫脱贫过程中很多有益的地区增长效率的分析结果。本节将结合前两节关于凉山州产业发展水平和结构的描述统计分析，进一步就凉山地区的三大产业投入产出效率进行深入分析。对于产业的投入产出效率分析，本案例采用 2015 年和 2016 年凉山州三大产业的投入产出面板数据进行数据包络分析。相关投入产出数据见表 3.4，分析软件仍采用 Deap2.1。

表 3.4　凉山州三大产业 2015—2016 年投入产出数据表

产业	2015 年			2016 年		
	产值（万元）	固定投资额（万元）	从业人数（万人）	产值（万元）	固定投资额（万元）	从业人数（万人）
第一产业	2635777	296900	183.94	2807115	184100	182.74
第二产业	6486469	4616800	33.99	6855818	4776700	37.57
第三产业	4026120	5818000	93.83	4407459	6154400	94.31

数据来源：2015—2016 年凉山州国民经济和社会发展统计公报。

```
Results from DEAP Version 2.1

Instruction file  =500.ins
Data file         =500.dta

Output orientated DEA

Scale assumption: VRS
```

Slacks calculated using multi – stage method

EFFICIENCY SUMMARY：

firm	crste	vrste	scale	
1	1. 000	1. 000	1. 000	–
2	1. 000	1. 000	1. 000	–
3	0. 458	0. 621	0. 737	drs
mean	0. 819	0. 874	0. 912	

Note：crste = technical efficiency from CRS DEA
vrste = technical efficiency from VRS DEA
scale = scale efficiency = crste/vrste

Note also that all subsequent tables refer to VRS results

SUMMARY OF OUTPUT SLACKS：

firm output：	1
1	0. 000
2	0. 000
3	0. 000
mean	0. 000

SUMMARY OF INPUT SLACKS：

firm	input: 1	2
1	0. 000	0. 000
2	0. 000	0. 000
3	1201200. 000	59. 840
mean	400400. 000	19. 947

SUMMARY OF PEERS:

firm	peers:
1	1
2	2
3	2

SUMMARY OF PEER WEIGHTS:
(in same order as above)

firm	peer weights:
1	1. 000
2	1. 000
3	1. 000

PEER COUNT SUMMARY:
(i. e. , no. times each firm is a peer for another)

firm	peer count:
1	0
2	1
3	0

SUMMARY OF OUTPUT TARGETS:

firm output:	1
1	2635777.000
2	6486469.000
3	6486469.000

SUMMARY OF INPUT TARGETS:

firm input:	1	2
1	296900.000	183.940
2	4616800.000	33.990
3	4616800.000	33.990

FIRM BY FIRM RESULTS:

Results for firm: 1

Technical efficiency =1.000

Scale efficiency =1.000 (crs)

PROJECTION SUMMARY:

variable		original value	radial movement	slack movement	projected value
output	1	2635777.000	0.000	0.000	2635777.000
input	1	296900.000	0.000	0.000	296900.000
input	2	183.940	0.000	0.000	183.940

LISTING OF PEERS:

peer	lambda weight
1	1.000

Results for firm:　　2

Technical efficiency ＝1.000

Scale efficiency ＝1.000 (crs)

PROJECTION SUMMARY:

variable		original value	radial movement	slack movement	projected value
output	1	6486469.000	0.000	0.000	6486469.000
input	1	4616800.000	0.000	0.000	4616800.000
input	2	33.990	0.000	0.000	33.990

LISTING OF PEERS:

peer	lambda weight
2	1.000

Results for firm:　　3

Technical efficiency ＝0.621

Scale efficiency ＝0.737 (drs)

PROJECTION SUMMARY:

variable		original value	radial movement	slack movement	projected value
output	1	4026120.000	2460349.000	0.000	6486469.000
input	1	5818000.000	0.000	-1201200.000	4616800.000
input	2	93.830	0.000	-59.840	33.990

LISTING OF PEERS:

peer	lambda weight
2	1.000

由上述三大产业数据包络分析结果可知，凉山州第一产业、第二产业的综合效率指数、技术进步效率指数和规模效率指数均为 1，而第三产业的综合效率指数为 0.458、技术进步效率指数为 0.621、规模效率指数为 0.737，第三产业处于规模收益递减阶段。可见，凉山州第三产业相对于当期的技术水平和人员素质而言，固定资产投资过剩；反之，就凉山州当期的固定资产投资额而言，需要加大技术升级力度和提高技术及人员素质水平，从而提高第三产业生产总值，如此才能提高凉山州第三产业的投入产出效率。

第四章

凉山少数民族地区产业扶贫状况分析

凉山少数民族地区作为我国深度贫困地区之一，其脱贫攻坚难度之大可想而知。为在 2020 年实现全面脱贫、与全国一道建成小康社会，集中精力开展产业扶贫是实现凉山地区可持续发展的首要策略。只要产业扶贫成功实现，那么全面脱贫指日可待。可以说，产业扶贫在凉山地区精准扶贫和全面脱贫攻坚战中的地位是无可替代的。本章将对此重要扶贫方式在凉山地区的开展情况进行初步分析阐述。

第一节　凉山少数民族地区产业扶贫现状分析

凉山地区作为全国评定的深度贫困地区，其脱贫攻坚任务极其艰巨。然而，由于历史和地理以及资源等特殊性约束，凉山地区的经济基础十分薄弱。可以说，凉山脱贫攻坚的痛点在于产业扶贫。只要抓住产业扶贫这个关键增长点，凉山地区全面脱贫也就走上正轨了。为此，近年来凉山州各级政府竭尽全力、未雨绸缪地开展产业扶贫规划布局工作，在产业扶贫领域取得了显著成效。

2019 年凉山州有关经济规划数据显示，地区生产总值增长 6%、力争达 7%（安宁河谷 6 县市增长 7%、彝区藏区 11 个深度贫困县增长 6% 以上），规模以上工业增加值增长 5% 以上，建筑业总产值增长 25% 以上，全社会固定资产投资增长 10%，地方一般公共预算收入增长 5%，社会消费品零售总额增长 10%，城乡居民人均可支配收入分别增长 8% 和 10%，常住人口城镇化率提高 0.9 个百分点，城镇登记失业率控制在 4% 以内，居民消费价格涨幅控制在3%以内。这些经济数据无疑都是建立在三大产业均衡发展的基础上。

2018年凉山地区项目建设也得到大力推进。凉山州成立“4+6”项目推进组，建立6项推进机制，分四批次集中开工项目513个，德昌鑫盛源技改等360个项目竣工投运，完成全社会固定资产投资960.8亿元。工业经济逐步回升。出台支持工业企业稳增长36条等政策措施，帮助32户企业复工达产。新增清洁能源装机61.2万千瓦，清洁能源产业增加值占全州规上工业增加值比重达60.4%、提高13.2个百分点。据统计，规上工业企业利润总额达149.6亿元，增长13.4%。实现建筑业总产值248.4亿元，增长26.4%。服务业加快发展。实现服务业增加值612.5亿元，增长7.9%。旅游收入436亿元，增长21%。网络零售额、金融业增加值分别增长32.3%和7.8%。房地产开发投资、商品房销售面积分别增长2.5倍和1倍。社会消费品零售总额649.6亿元，增长10.4%。农村经济提质增效。实现农业增加值313亿元，增长3.8%。粮食产量16连增，马铃薯产量、薯农总收入居全省第一位。新建现代农业产业融合示范园区13个。农产品产地初加工率达49%。新增“三品一标”农产品22个，大凉山品牌农产品达1550个。

2018年以来，凉山地区在产业结构调整转型发展上迈出坚实步伐。三次产业结构调整为20.1∶40∶39.9，第三产业增加值占比提高1.9个百分点。供给侧结构性改革取得新进展。淘汰化解落后过剩钢铁产能2万吨。商品住宅去化周期保持在一年内。凉山州内法人地方性银行业金融机构杠杆率6.3%，处于合理水平。为企业减税降费24亿元、降低用电成本5.6亿元。开展首届“州长质量奖”“卓越工匠奖”评选活动，四川名牌产品达32个。科技创新取得新成效。实施全球招标重大科技项目8项、省级重点科技项目50项，新创建省级企业研发平台2个，凉山稀土产业技术研究院建成投用，新增高新技术企业5户。高新技术产业总产值达194.8亿元，增长2.8倍。科技对经济增长的贡献率达47.1%。

凉山地区在产业基础建设和重大基础设施建设取得新突破。高速公路、国省干线项目有力有序推进，G5京昆高速泸黄段改扩建工程基本实现双向通车，峨汉高速（甘洛段）加快建设，乐西高速控制性工程开工，德会高速实现开工动员，建成国省干线184公里，小相岭、箐口山等隧道顺利贯通。建成高标准农田18.7万亩，大桥水库灌区二期等10个大中型骨干水利项目加快推进。盐源、会东500千伏输变电工程建成投用，雅中至江西、白鹤滩至江苏、至浙江特高压直流输电工程列入国家重点项目。

此外，近年来凉山地区非公经济（含民营经济）不断发展壮大。非公经济（含民营经济）发展一般重点侧重于特色产业领域，包括特色农业、特色加工业以及有关观光旅游等服务业。因此，引进并大力扶持非公经济（含民营经济）发展，无疑对于凉山地区产业转型升级具有重要的促进作用。2018年，凉山州高规格召开民营经济健康发展大会，制定落实促进民营经济健康发展38条政策措施，实现民营经济增加值779.1亿元、增长6.5%。非公经济（含民营经济）还可以增强县域经济活力。通过大力发展非公经济（含民营经济），西昌、宁南、盐源被评为2017全省县域经济发展先进县，西昌成为全省唯一上榜的2018全国综合实力百强县（市），会理被评为“新时代·中国最佳文化旅游名县”。

第二节　凉山少数民族地区产业扶贫措施分析

凉山地区围绕中央确定的脱贫攻坚战略，细化本区各项发展目标，综合考虑了国际国内宏观经济形势，认真分析了发展条件和现实可能，统筹兼顾了转型发展和脱贫攻坚需要，体现了差异化发展要求，符合中央稳中求进工作总基调和高质量发展要求，同时契合四川省委“一干多支、五区协同”“四向拓展、全域开放”等战略部署，总体是积极可行的。为确保上述各项目标实现，凉山地区将重点采取以下发展措施。

第一，集中力量攻坚冲刺，坚决打好脱贫攻坚关键之战。聚焦聚力“头等大事”，按照23.8万人、445个村达到脱贫退出标准的计划安排落实工作，确保完成14.1万人脱贫、318个村退出的任务，实现雷波、甘洛、盐源、木里4县脱贫摘帽。坚决打好建房修路攻坚战。完成12.05万人易地扶贫搬迁安置、302个彝家新寨和1395户藏区新居建设任务，改造农村危房2万户、土坯房6万户以上，基本实现贫困群众住房安全有保障。新改建农村公路1000公里、安保工程900公里，争创“四好农村路”省级示范县1个，新增12个乡镇、150个村通客运班车，实现乡镇通油路、建制村通硬化路、“畅返不畅”整治三个目标。统筹推进配套设施建设，实现贫困户用水用电全面达标，所有行政村有通信网络覆盖。

坚决打好产业就业攻坚战。新建改造“1+X”林业生态产业基地100万亩，种植马铃薯240.5万亩，新建水果、蔬菜、中药材基地11.5万亩，新改建畜禽标准化养殖场（小区）20个。每县主抓1~2个优势特色产业，建成5个以上适度规模的特色产业基地。推进集中安置点产业园建设。探索开展农产品价格保险。创建省级旅游扶贫示范区1个、示范村5个。转移输出贫困劳动力4万人，开发公益性岗位2544个。积极引进农业龙头企业，培育农民专合组织、造林专业合作社，推行“企业+专合组织+农户”模式，发展壮大村集体经济。

坚决打好“四治”攻坚战。启动新一轮教育振兴计划，实施“一村一幼”提升工程，建成“一乡一园”159所，全面推广“学前学会普通话”行动，开展失辍学集中整治专项行动。深入推进禁毒攻坚三年行动，力争外流贩毒人数较2017年基数下降20%，新吸毒人员滋生速度低于全省平均水平20%，建成“1+15+N”戒毒康复体系项目，实现布拖、昭觉、普格、西昌4县（市）摘帽。全面开工建设“1+8”重大疾病公共卫生医疗救治中心，母婴传播率降至5%以下，抗病毒治疗覆盖率、有效率均达85%以上。深入推进生育秩序整治，11个重点县符合政策生育率达93%以上。

坚决打好扶志扶智攻坚战。深化“习近平总书记来到我们村”、学习“习近平总书记新年贺词”感恩教育彝语巡回宣讲等活动。积极推行生产奖补、劳务补助等激励措施，提倡多干多得、先干先得。继续办好“农民夜校”，深入实施新型农民素质提升工程。持续开展“文明村”“五好家庭”和“星级文明户”创建活动，加大不良行为教育惩戒力度，积极引导群众移风易俗，不断激发脱贫奔康内生动力。

坚决打好政策落实攻坚战。全面落实“三区三州”脱贫攻坚实施方案、省综合帮扶等政策措施。新增州本级财政扶贫专项资金5000万元、金融扶贫贷款35亿元，建立“四项扶贫基金”稳定补充机制，力争实现增减挂钩和占补平衡指标交易50亿元以上。深入推进东西部扶贫协作和对口支援，充分发挥省综合帮扶工作队作用，整合用好各种帮扶力量。深入开展“回头看”“回头帮”，扎实抓好自发搬迁群众、孤老残弱等特殊群体精准脱贫，完善稳定脱贫长效机制。

坚决打好作风建设攻坚战。持续深化扶贫领域腐败和作风问题专项治理，巩固“清卡行动”成果，完善长效机制。从严加强扶贫资金监管，加快支出进度，提高使用效益。落实“删繁就简”和“八不准”要求，切实减轻基层负担。深入推进“查问题、补短板、促攻坚”专项行动，抓好扶贫领域突出问题整改。开展领导干部抓脱贫攻坚重大任务落实综合评价，确保工作务实、过程扎实、结果真实。

第二，充分发挥需求拉动作用，全力稳定经济增长。抢抓国家宏观政策逆周期调节机遇，全面落实稳增长政策措施，深挖内需潜力，巩固扩大经济企稳回升势头。全力扩大有效投资。充分发挥“4+6”项目推进组作用，强化6项推进机制落实，突出抓好180个省州重点项目建设，完成全社会固定资产投资1000亿元以上。主攻项目前期，按月按季推动项目开工。组建现代农业、文化旅游等投资发展基金，全力争取地方政府债券支持，规范推广运用政府与社会资本合作模式，加强项目资金绩效管理。聚焦脱贫攻坚、交通、水利、能源等重点领域，分级分类储备一批重大项目，确保项目动态储备规模达2000亿元以上。

全力扩大消费需求。深入实施消费升级行动计划，提升餐饮、酒店等传统行业服务标准化水平，推动实体零售转型。深化市场拓展“三大活动”。大力发展假日、乡村旅游和民俗文化经济，打造特色节庆活动品牌。加快建设10个国家级、4个省级电商进农村示范县项目，新建乡村服务站点200个，力争网络零售额增长15%。健全消费者维权机制，创建安全放心的消费环境。

全力扩大对外贸易。实施外贸促进三年行动，促进外贸进出口稳定发展，确保货物贸易进出口额达3.2亿元以上。强化重点企业支持，加快发展外向型产业，培育跨境电商等贸易新业态新模式。突出南向拓展，对接东盟等大市场，组织企业参加亚欧和东盟博览会等活动，积极拓展国际新兴市场。

第三，加快构建现代产业体系，推动经济高质量发展。坚持增量与存量并重、速度与质效并举，推动产业结构优化升级，提高产业核心竞争力。着力推进“4+1”现代工业产业发展。大力发展清洁能源产业，加快建设白鹤滩、乌东德、杨房沟等重大水电项目，以及风电基地、光伏扶贫等新能源项目，开工建设雅中至江西特高压直流输电工程。大力发展战略资源产业，培育引进优质企业，加快发展储氢电池、磁性材料、高档钛材等新材料产业。大力发展装备制造业，支持德昌风电装备制造基地做大做强，积极培育新能源、智能汽车等产业链。大力发展食品医药产业，加快开发生活休闲食品、饮料果酒、中药饮片和相关健康产品。大力发展信息化产业，加快5G商用步伐。同时，大力发展绿色建筑业，力争建筑业总产值突破300亿元。加大企业梯度培育力度，新增规模以上工业企业20户、建筑业企业60户。

着力推进现代产业园区发展。以4个省级开发区为平台，突出功能定位，优化产业布局，重点建设“5+2”现代产业园区，力争实现园区综合产值700亿元。整合西昌钒钛、太和工业园区，大力发展钒钛新材料产业，创建国家级经开区。以成凉工业园区为核心，大力发展生物医药和科教产业，创建国家级高新区。依托成凉工业园区和德昌、昭觉、盐源农特产品加工基地，以及其他农特产品加工点，建设攀西现代农业产业开发区。支持冕宁、德昌整合稀土资源，建设国家级稀土研发制造中心。支持会理、会东整合有色黑色金属资源，建设全国有色黑色金属资源综合利用示范基地。开工建设成都·大凉山农特产品加工贸易园区、凉乐“飞地”园区。推动园区体制机制创新，建立新型管理机构，探索公司化、市场化办园模式。加大投融资力度，完善园区配套基础设施和公共服务平台。

着力推进文旅康养产业发展。深入实施全域旅游战略，推动文旅康养产业融合发展，打造大凉山生态文化旅游康养品牌，实现旅游总收入517亿元。抓好西昌邛海天堂洲际酒店等21个旅游重点项目建设。力争泸沽湖成功创建国家5A级景区，加快螺髻山创5A工作，创建4A级景区3个以上。力争西昌成功创建天府旅游名县，会理、会东、宁南、冕宁进入创建名录。加快建设大凉山民族文化创意产业园等7个文化产业集聚区，力争省民族文化旅游产权交易中心项目落地建设。大力发展康养产业，加快推进邛海康旅小镇、德昌滨河新区康养、会理城北新城文旅康养等项目建设，创建一批森林小镇，实施一批交通旅游融合发展项目，完善配套服务功能，打造以安宁河谷为核心的康养产业带。

着力推进现代服务业发展。深入实施服务业“三百工程”，力争服务业增加值增长8%以上。抓好20个重大项目建设、20户重点企业发展，培育规上限上服务业企业80户。推进区域性服务业中心城市建设，打造以西昌为核心的现代服务业集聚区。提升金融服务实体经济能力，新增各项贷款60亿元，加快发展多层次资本市场。大力发展智慧物流，加快推进西昌鑫叶等现代物流园区建设。加快发展科技服务、信息服务、人力资源等生产性服务业。

第四，纵深推进改革开放，充分激发新动力新活力。弘扬敢闯敢试精神，加快改革步伐，提升开放水平，激发强劲动能。深化供给侧结构性改革。全面贯彻“巩固、增强、提升、畅通”八字方针。坚持优产能与去产能相结合，大力支持铜铅锌、磷化工等传统行业重组整合、改造提升，促进电冶互动、上下游产业协同发展。加快推进电能替代、“气改电”等项目，大力发展电解氢等绿色载能产业。实施新一轮大规模技术改造，完成技改投资130亿元。培育壮大新技术、新产业、新业态、新模式。扎实开展质量提升行动，推动品质革命和品牌创建。保持房地产开发投资合理强度，促进房地产市场平稳健康发展。落实更大规模的减税降费政策，进一步降低融资、物流、交易等环节成本。

扎实抓好重点领域改革。完善州属国企“七大投”法人治理结构，大力推进二级及以下企业混合所有制改革。实施财政改革两年攻坚行动，抓好社会保险费和非税收入征管职责划转工作。推进电力体制改革，切实降低用电成本。深化用地制度改革，实行分类管理和差异化土地供给。强化社会信用体系建设，健全守信联合激励、失信联合惩戒机制。统筹推进投融资、产权制度和统计体制等领域改革。

深入推进创新驱动发展。扎实抓好攀西试验区建设，健全产学研用一体化创新机制，加快核心技术攻关，加强知识产权保护，确保科技对经济增长的贡献率达48%以上。申报实施重点科技攻关项目10项、重大科技成果转化示范项目6项，新增高新技术企业3户、省级创新平台2个、新型研发机构5个、创客空间和服务平台5个，实现高新技术产业总产值200亿元以上。积极培育军民融合产业，推动军民融合创新发展。

全面提升开放合作水平，落实南向开放合作三年行动计划。深度融入“一带一路”建设、长江经济带发展、新一轮西部大开发等国家战略，积极参与东盟、南亚等国际交流合作。推动东西部扶贫协作、省内对口帮扶向全方位合作提升。务实深化市州、厅州、企地和校地合作。继续办好彝族传统火把节、魅力中国城西昌文化旅游博览会等重大活动，积极参与进博会、中国西部（四川）国际投资大会等重大展会。加大精准招商力度，推进签约项目落地建设，确保引进到位州外资金300亿元以上。

第五，强化区域统筹联动，构建干支协同发展新格局。制定专门指导意见，编制区域发展规划，完善协同发展机制，促进区域差异化协调发展。做强安宁河谷发展“主干”。支持西昌完善城市总体规划和功能体系，做大做强旅游康养、高端农业、食品医药、先进材料等优势产业，加快建成现代化生态田园城市、国际阳光康养休闲度假旅游目的地，增强龙头引领作用。以建设攀西试验区、安宁河谷阳光生态走廊、国家级现代农业产业示范区为带动，促进西昌、德昌、冕宁统筹协调发展，推动喜德、普格全面融入安宁河谷发展。加快会理撤县设市，建设凉山南部区域中心城市，编制国家水电公园建设规划，促进会理、会东、宁南一体化发展，打造农文旅和康养等产业融合发展的沿金沙江特色经济带。

培育新兴经济增长极。支持昭觉建设凉山东部区域中心城市，打造国家级特色农产品生产标准化示范区，凉山东部产业发展、交通物流、文化旅游和教育医疗中心，促进昭觉、布拖、金阳、美姑、雷波、普格协同发展。支持越西建设凉山北部区域中心城市，促进越西、甘洛、喜德“南接北连”，大力发展绿色农牧、全域旅游、民族工艺等特色产业，建设生态文明示范区。支持盐源、木里建设大香格里拉钻石旅游线路、全国精品森林旅游地，打造中国最具特色魅力的彝藏农文旅生态示范走廊、现代农林牧产业示范区。

推动县域经济高质量发展。制定出台实施意见，建立完善分类考核评价指标体系。发挥特色优势，培育一批县域经济强县和生态标杆示范县。启动“小县优城”提升行动。依法有序推进西昌、昭觉、喜德行政区划调整，全面完成安宁河谷县（市）乡镇行政区划调整。深入推进经济发达镇行政管理体制改革。

加快四川南向开放大通道建设。实施综合交通建设三年攻坚行动计划和“三轮凉推”方案，加快规划建设 11 条高速公路、4 条铁路、8 个支线通用机场和金沙江黄金水道。实现 G5 京昆高速泸黄段改扩建工程全面完工，加快建设峨汉高速（甘洛段），全面开工建设乐西、宜攀、德会高速公路，力争西昭高速公路控制性工程开工，加快禄会、乐云、攀盐高速公路前期工作。开工建设盐源小高山隧道等 8 个项目，力争建成普通国省干线路面工程 100 公里以上。扎实推进成昆铁路扩能工程建设，力争宜西、西昭、大攀昭铁路前期工作取得实质进展。启动西昌国际航空开放口岸创建工作，力争会东支线机场和盐源、昭觉通用机场尽快开工。加快溪洛渡、白鹤滩翻坝运输系统项目前期工作。

第六，加快推进乡村振兴，促进城乡一体化发展。坚持农业农村优先发展，统筹推进城乡规划、基础设施、产业发展、公共服务等一体布局，加快构建新型工农城乡关系。加快发展现代农业，落实粮食安全行政首长责任制，严守耕地红线。深化农业供给侧结构性改革，大力发展优势畜牧业、烤烟、蚕桑、马铃薯、苦荞麦、蔬菜、水果、经济林木、花卉、中药材十大特色农业产业，增加绿色优质农产品供给。抓好西昌现代花卉和设施蔬菜、德昌供港果蔬基地、会理石榴园综合体、会东 10 万亩现代烟草、宁南优质茧丝、冕宁万亩油橄榄、佛凉（昭觉）智慧农业、普格螺髻山现代林业科技产业等特色园区建设，建成初加工设施 50 座、冷链设施 10 座。加强农业科技研发和推广运用。积极申报“三品一标”农产品认证，推动“大凉山”特色农产品国际商标注册，打造国家级特色农产品优势区。建立农产品产销信息大数据共享平台，完善市场销售体系。夯实农业基础设施，加快建设和平水库、大桥水库灌区二期工程，开工建设大桥水库引水工程、龙塘和竹寿水库。建成高标准农田 29 万亩，新增有效灌面 4.85 万亩，发展高效节水灌面 2 万亩。

全面深化农业农村改革。深化农村集体产权制度改革，基本完成集体资产清产核资，推进农村资产资源“三权分置”。深化集体林权制度改革，完成国有林区改革，稳妥开展草原确权登记颁证工作，统筹推进国有农垦（农场）、供销合作社改革。健全农村产权流转市场体系。推行“岗编适度分离”，引导各类人才向乡村流动。建立农业担保体系、乡村振兴风险金制度和专项基金，形成多元投入格局。

加快建设“美丽凉山·宜居乡村”。开展农村人居环境整治“五大行动”，实施村容村貌“六化”工程，加强路、水、电、气、宽带“五网”建设。建立行政村常态化保洁制度，新改建各类公厕442座，因地制宜推进农村户用厕所建设和改造，力争90%以上的行政村生活垃圾得到有效处理、15%以上的行政村具备污水处理能力。加强古村落、古建筑保护，留住乡愁记忆。健全自治、法治、德治相结合的乡村治理体系。强化乡村振兴考评激励，命名一批先进示范单位。

加快推进新型城镇化。抓好安宁河谷发展“三个规划”实施，开展西昌、德昌、越西等县（市）城市总体规划修编，推进乡村建设规划全覆盖。扎实抓好西昌海绵城市和地下综合管廊、会理宜居县城建设，加快推进西昌、德昌、会东、昭觉、金阳、雷波、甘洛、越西、喜德、冕宁等城市新区建设。深化“百镇建设行动”，持续推进22个省级试点镇、2个省级特色小镇建设。深化户籍等配套制度改革，推进农业转移人口市民化。提高城镇精细化管理水平。

第七，营造良好营商环境，大力支持民营经济做大做强。开展“营商环境提升年”活动，促进民营经济健康发展，力争新增民营经济市场主体2.6万户，民营经济增加值占地区生产总值比重达52%以上。切实解决民营企业发展难题。逐步扩大企业流动资金贷款风险补偿基金规模，引导银行业金融机构加大信贷支持力度，创新推出中小微企业专项贷款产品，支持企业提高直接融资比重，缓解融资难融资贵问题。清理规范各类行政权力、公共服务、涉审中介服务等事项，落实税收优惠等政策，降低企业经营成本。建立全州统一的政策发布平台，开展政策落实专项督查，建立通报约谈制度，推动政策落地落实。切实扩大民间投资。全面实施市场准入负面清单和公平竞争审查制度，让民营企业公平参与市场竞争。健全促进民间投资工作机制，建立吸引民间资本投资重点领域项目库。鼓励民间资本参与混合所有制改革，支持民营企业大力拓展投资领域，力争民间投资占全社会固定资产投资比重提高5个百分点。切实构建亲清新型政商关系。

建立统一的企业维权服务平台，依法保护企业家财产权、创新权益和自主经营权。完善领导干部联系重点民营企业和商（协）会制度，建立政府与民营企业定期联系沟通、民营企业评议政府部门等机制，将民营经济发展情况纳入目标考核。

第八，持续用力防治污染，建设优美生态环境。牢固树立绿水青山就是金山银山理念，深入推进生态文明建设，让凉山天更蓝、山更绿、水更清，人与自然更和谐。

第五章

少数民族地区扶贫满意度分析
——以西藏地区为例

第一节　少数民族贫困地区扶贫开发状况

由于受资源禀赋、地理环境、区位条件和人文历史文化等因素的制约，我国少数民族地区一直是经济社会发展欠发达地区。1949 年中华人民共和国成立后，基于我国多民族的基本国情和民族地区发展落后问题长期存在的客观实际，我国政府对少数民族地区的经济社会发展持续实行特殊的支持政策和倾斜政策，大力扶持民族地区经济社会文化发展，少数民族地区发生了翻天覆地的变化，各族人民生活水平均得到很大提高。并且，在我国开展全国扶贫开发和西部大开发中，我国政府更是把少数民族地区的扶贫开发工作当作重中之重，出台并实施了一系列重点扶持少数民族地区的扶贫规划。另外，在国际组织开发扶贫合作中，坚持向少数民族地区倾斜的政策，并且动员东部发达地区、各社会机构向民族地区进行对口协作支援。在国家一系列扶持政策的支持下，民族地区经济社会全面发展，减贫成绩斐然。党的十八大以来，在国家的大力扶持和民族地区干部群众的艰苦奋斗下，少数民族地区农村贫困人口大幅减少。国家统计局农村贫困监测结果显示，按当年的扶贫标准（2008 年标准），2000—2010 年，民族八省区农村贫困人口从 3144 万人减少到 1034 万人；农村贫困发生率从 23% 下降到 7%。按现行国家农村贫困标准（2010 年标准），2010—2018 年，民族八省区农村贫困人口从 5040 万人减少到 602 万人；农村贫困发生率从 34.1% 下降到 4.0%。[①]

从 2000 年起，我国相继实施了西部大开发、兴边富民等重要战略工程，为了支持民族地区加快发展，中央政府除拨付一定规模的一般性转移支付和专项转移性支付外，还特别设立民族地区转移支付，在农业、教

---

① 数据来源：刘小珉．民族地区反贫困 70 年的实践与启示［J］．贵州民族研究，2019（11）．

育、科技、社会保障等方面增加专项补助资金。据统计，中央下达民族地区转移支付从2000年的25.53亿元增加到2017年的704亿元，年均增长21.5%。我国政府自20世纪50年代开始对民族地区实行税收减免和优惠税率的照顾政策，尤其是2000年后，国家对退耕还林（还草）产出的农业特产收入，10年内免征农业特产税；对西部民族地区新开办的交通、邮政、水力、电力、广播电视等企业实行优惠税收政策（所得税两年免征、三年减半征收）。

从1949年到2019年，中央对民族地区的资金投入持续加大，中央财政专项扶贫资金规模持续增加，从8亿元增加到1060.95亿元，年均名义增长13.7%。为了加大对民族地区的扶贫投入，在中央财政专项扶贫资金中专门设立少数民族发展支出方向，用于支持开展兴边富民行动、扶持人口较少民族发展，以及解决少数民族群众聚居地区突出贫困问题。1992—2014年，少数民族发展资金从0.6亿元增加到40.59亿元，占中央财政专项扶贫资金的比例从2.26%稳定上升到9.38%。另外，2006—2015年，中央财政投入民族八省区的扶贫资金从51.5亿元增加到200亿元，累计投入1143.4亿元，占全国同期扶贫资金总投入的42.55%。尤其是实施脱贫攻坚战略后，中央政府进一步加大对民族地区脱贫攻坚的支持力度，2016—2018年，中央财政专项扶贫资金投入民族八省区1133.1亿元，占全国同期专项扶贫资金总投入的43.9%。①

自1996年以来，我国东西扶贫协作工作已经开展23年，接受帮扶的西部贫困民族地区、革命老区反贫困工作取得重大进展。据统计，1996—2014年，参与东西扶贫协作的东部各省市共向受帮扶的西部贫困地区投入财政援助资金累计118.2亿元，引导东部企业到西部贫困地区投资共1.2万亿元，实施东西部扶贫合作项目8万余个，帮助对口帮扶的西部地区输出劳务人员664.3万人次。为促进双向互动，东西部支援、

---

① 数据来源：刘小珉．民族地区反贫困70年的实践与启示［J］．贵州民族研究，2019（11）．

受援双方领导考察互访累计 8.8 万人次；参与东西扶贫协作的东部地区为西部民族贫困地区引进各种农业实用技术共 3072 项，培训各类人才共 55.7 万人次。①

自 1996 年以来，我国东西扶贫协作实践发生了很大的变化，表现在六个方面。第一，参与东西扶贫协作的东部省市数量已由最初的 13 个增加到目前的 18 个。第二，结对帮扶关系进一步细化，从最初的省市之间的结对帮扶，发展到目前市县层层结对。从东部一省一市一县对西部一省一市一县发展到多省市对一省、一个地市加一个国有企业对一地州、一区县加一市直单位对一县的帮扶形式。第三，是结对帮扶工作普遍化。从中央层面组织开展的东西扶贫协作发展到各省组织的地市结对帮扶和地市组织的区县结对帮扶。第四，东西扶贫协作由最开始时东部单向无偿帮扶西部，拓展为在对口帮扶框架下“东西部双向互动、共同发展、实现共赢”。第五，过去以派遣干部挂职为主要形式的人才交流有所减少，但目前企业协作和政府援助逐渐加强。第六，由最开始主要是政府间的援助行为拓展为各类市场主体的共同参与，再发展到“包括各类社会团体、民间组织、爱心人士在内的社会各界多形式、宽领域的广泛参与”，援助协作模式涌现出了“闽宁模式”“沪滇模式”“浙川模式”“甬黔模式”“两广模式”等成功范例。

第二节 少数民族贫困地区扶贫绩效评价研究概述

西藏地区既是民族地区，也是边疆地区，由于其特殊的政治、经济、文化、历史、生态等原因，有效的经济发展将强化西藏与发达省区之间

---

① 数据来源：刘小珉．民族地区反贫困 70 年的实践与启示［J］．贵州民族研究，2019（11）．

的经济良性互动，与周边国家地缘经济关系的加深也将大大拓宽我国经济的发展空间和发展容量。因此，西藏等民族地区的经济发展和精准脱贫成效也备受国内外学者的关注。长期以来，许多学者一直关注贫困现状、致贫原因以及脱贫措施等方面的研究，较少对扶贫开发绩效进行评价。2016 年国家提出引进第三方评估对政府扶贫开发成效进行考核，不仅使脱贫数据更真实可靠，也让扶贫绩效评价更接地气，让贫困人员拥有更多的话语权，开启了群众评价政府扶贫工作满意度的新模式。刘小珉利用 2014 年民族地区大调查数据，采用路径分析方法构建了精准扶贫工作满意度的影响因素及其实现机制的理论架构和模式，并运用回归分析方法，对民族地区农村扶贫开发绩效进行了实证研究。结果显示，被调查者对扶贫工作持满意态度的比例仅有 60.8%，在移民变迁工程、教育扶贫工程、扶贫培训工程、产业扶贫工程、基础设施扶贫工程及卫生健康扶贫工程六类项目中，满意度综合得分相差不大，表明普惠性程度越高的项目其满意度越高。此外，家庭人口规模、收入状况、教育程度对扶贫开发满意度影响最大；性别、区域及职业影响相对较小；移民变迁工程和产业扶贫工程更有利于西部地区农民，东部地区农民更欢迎扶贫培训工程。①

杨毅、张琳基于 600 户贫困家庭问卷，构建了公众期望、政策适应性、扶贫精准性、价值感知、扶贫绩效等五个方面的评价指标体系，运用 SEM 模型对环渝连片特困区的扶贫效益进行了评价。其研究结果表明，公众期望对扶贫绩效既有正向影响也有负面影响，正向影响主要是通过价值感知反映对当前扶贫成效及其扶贫战略的价值认同，负面影响主要反映在扶贫供给对接失衡或调试不当；政策适应性对价值感知的影响大于对扶贫绩效

① 资料来源：刘小珉．农户满意度视角的民族地区农村扶贫开发绩效评价研究——基于 2014 年民族地区大调查数据的分析［J］．民族研究，2016（2）．

的影响；扶贫精准性对扶贫绩效影响较大，且与政策适应性呈现对称性特征。[①] 此外，张琳、童翔宇、杨毅基于上述五个维度，运用结构方程模型对湘鄂渝黔边民族地区的600户贫困家庭扶贫效益进行了实证分析。研究结果认为，满足受众需求的扶贫供给是阻碍扶贫绩效的关键因素，亟须提高扶贫政策和精准管理对公众的价值感知效应，以便提高扶贫绩效的总体满意度。[②]

曹军会、何得桂、朱玉春基于1720份农户满意度问卷，从政策实施效果满意度、政策落实情况满意度、政策帮扶作用满意度、政府重视满意度、扶贫状况满意度等五个维度对精准扶贫政策满意度进行了实证分析。实证结果发现，农民对减贫政策的知晓度、参与度及受益度与其对精准扶贫的政策满意度呈正相关关系，且贫困地区和贫困农民比非贫困地区和非贫困农民满意度较高。[③]

张晓佳、谷栗、宋玉丽、董雪艳对山东省精准扶贫绩效进行了评价。结果显示，社会公众对政府精准扶贫重视程度、总体满意度比较认可，对扶贫政策、措施知晓度和认知度不是很高，公众对精准识别过程满意度较低，认为贫困信息存在不真实现象。[④]

从已有文献来看，不同的学者基于不同的维度或指标对扶贫满意度进行了评价，这些维度和指标直接或间接影响着扶贫工作的满意度，包括农户的年龄、性别、收入、文化程度、家庭人口等基本人口学特征，也包括公众对政府行为和扶贫政策等方面的主观评价，涵盖了满意度的诸多方面，为进一步完善和评价扶贫政策满意度提供了有益的借鉴。然而，现有

---

① 资料来源：杨毅，张琳．环渝连片特困区精准扶贫效益评价及增进策略——基于SEM模型的实证分析［J］．西南大学学报（社会科学版），2017，43（5）．

② 资料来源：张琳，童翔宇，杨毅．湘鄂渝黔边民族地区精准扶贫效益评价及增进策略——基于结构方程模型的实证分析［J］．贵州民族研究，2017，38.

③ 资料来源：曹军会，何得桂，朱玉春．农民对精准扶贫政策的满意度及影响因素分析［J］．西北农林科技大学学报（社会科学版），2017，17（4）．

④ 资料来源：张晓佳，谷栗，宋玉丽，董雪艳．以公众满意度为导向的政府精准扶贫绩效评价研究——基于山东省的调查问卷分析［J］．经济论坛，2017（8）．

文献聚焦的区域大都是内陆地区和中东部地区，而西部边疆民族地区具有边疆性、民族性、宗教性，是反分裂斗争的前沿阵地，承担着发展经济和维护稳定的双重任务，其扶贫绩效的满意与否关系到边疆的稳定，也关系到西藏等民族地区与全国一同进入全面小康社会的步伐。鉴于此，本书在已有研究的基础上，以西藏自治区为研究对象，从农牧民脱贫意愿、精准识别、政府行为、政策精准等维度对西藏精准扶贫满意度进行评价，为政府优化扶贫政策实践提供建议。

第三节　扶贫绩效满意度研究设计与数据来源

一、变量设计

本节主要研究的是农牧民对精准扶贫工作的满意度评价，我们设置了22个自变量，包含5个受访农牧民的基本特征变量和16个与精准扶贫满意度相关的变量，同时设置了1个因变量，即精准扶贫总体满意度评价。受访农牧民基本特征变量主要是农牧民的性别、年龄、婚姻状况、家庭人口数、文化程度；其余变量涉及农牧民脱贫意愿、政府帮扶行为、政策精准等信息。主要采用5级测量尺度，即很不满意、不满意、一般、满意、非常满意，分别赋值1、2、3、4、5；精准识别变量主要采用2级测量尺度，即否、是，分别赋值1、2。具体变量设计及赋值见表5.1。

表5.1　变量设计及赋值

变量	具体指标	赋值及说明
1	性别	1 = “男”，2 = “女”
2	年龄	1 = “16～25岁”，2 = “26～50岁”，3 = “51～60岁”，4 = “61岁以上”

续表

变量	具体指标	赋值及说明
3	婚姻	1 = "未婚", 2 = "已婚", 3 = "离婚", 4 = "再婚", 5 = "丧偶"
4	人口家庭	1 = "1 人", 2 = "2 人", 3 = "3 人", 4 = "4 人", 5 = "5 人及以上"
5	文化程度	1 = "文盲半文盲", 2 = "小学", 3 = "初中/中专", 4 = "高中/职高", 5 = "大专以上"
6	是否愿意脱贫	1 = "很不愿意", 2 = "不愿意", 3 = "无所谓", 4 = "愿意", 5 = "非常愿意"
7	是否向村"两委"递交脱贫申请	1 = "否", 2 = "是"
8	是否向村"两委"递交贫困申请	1 = "否", 2 = "是"
9	是否在汇总后组织召开村民代表大会	1 = "否", 2 = "是"
10	是否按照规定召开村民代表大会评议	1 = "否", 2 = "是"
11	村"两委"对初选名单是否核实	1 = "否", 2 = "是"
12	核实后的初选名单是否在村公示栏公示	1 = "否", 2 = "是"
13	乡镇复核的名单是否在村内进行二次公示	1 = "否", 2 = "是"
14	是否知道村里有扶贫资金	1 = "不知道", 2 = "知道"
15	对村里的扶贫资金使用看法	1 = "很不满意", 2 = "不满意", 3 = "一般", 4 = "满意", 5 = "非常满意"
16	政府对扶贫工作的重视程度的看法	1 = "很不重视", 2 = "不重视", 3 = "一般", 4 = "重视", 5 = "非常重视"

续表

变量	具体指标	赋值及说明
17	政府对贫困户帮扶工作是否满意	1 = "很不满意"，2 = "不满意"，3 = "一般"，4 = "满意"，5 = "非常满意"
18	对现在的生活是否满意	1 = "很不满意"，2 = "不满意"，3 = "一般"，4 = "满意"，5 = "非常满意"
19	精准扶贫给贫困户带来的帮助程度	1 = "不清楚"，2 = "很小"，3 = "一般"，4 = "较大"，5 = "非常大"
20	享受到精准扶贫政策的实惠程度	1 = "不清楚"，2 = "很小"，3 = "一般"，4 = "较大"，5 = "非常大"
21	是否了解当地政府正在开展的扶贫项目	1 = "完全没听说"，2 = "不太了解"，3 = "了解一些"，4 = "比较了解"，5 = "非常了解"
22	精准扶贫满意度总体评价	1 = "很不满意"，2 = "不满意"，3 = "一般"，4 = "满意"，5 = "非常满意"

二、模型选取

因子分析是在不损失大量信息的前提下，用较少的互相独立的因子变量代替原来变量的大部分信息，属于多元分析中处理降维问题的一种研究方法。具体步骤为：首先要确定待分析的原有若干变量是否适合做因子分析；其次构造因子变量，利用旋转方法使因子变量更具有可解释性；最后计算因子得分。具体因子分析模型为：

$$X_i = a_{i1}F_1 + a_{i2}F_2 + \cdots + a_{ij}F_j + \varepsilon(i = 1,2,\cdots,m)$$

其中，F_j 为公共因子，a_{ij}为第 i 个变量在第 j 个公共因子 F_j 上的载荷，X_i 为随机变量。

由于精准扶贫总体满意度变量是有序多分类变量，本节构造 Ordinal Logistic 回归分析模型。具体 Ordinal Logistic 回归分析模型为：

$$\mathrm{Logit}_j = \ln\left[\frac{\sum_{i=1}^{j} P_i}{1 - \sum_{i=1}^{j} P_i}\right] = \alpha_j - \sum_{i=1}^{m} \beta_i x_i (i = 1,2,\cdots m; j = 1,2,\cdots k-1)$$

其中，α_j 为常数，β_i 为各个自变量的偏回归系数，由回归系数和自变量构成的部分 $\sum_{i=1}^{m}\beta_i x_i$ 是模型的位置成分。

三、数据来源

本书所使用的数据来自 2016—2017 年收集的农牧区精准扶贫调查数据。本次调查为全区随机抽样调查，调研地点覆盖西藏自治区拉萨市、日喀则市、山南市、林芝市、昌都市、那曲地区、阿里地区农牧区。本次调查共计发放问卷 1050 份，回收有效农牧民样本 1013 份，有效率达 84.8%。问卷内容信息包括农牧民基本人口学特征、农牧民脱贫意愿、政府精准识别、政府在精准扶贫中的行为以及政策精准性等 22 个问题。

第四节　扶贫绩效满意度调研实证分析

一、描述性统计分析

农牧民基本特征描述统计见表 5.2。从受访人员性别来看，男性为 735 人，占 72.6%，女性为 278 人，占 27.4%，男性多于女性；年龄结构方面，受访人员年龄主要集中在 26 ~ 50 岁、51 ~ 60 岁、60 岁以上三个年龄段，分别占 30.6%、25.7%、24.9%；婚姻状况方面，已婚比例为 74.3%，占比最高；家庭人口规模方面，5 人及以上家庭居多，占 55.6%；文化程度方面，初中/中专以下文化程度比例为 93.9%，受访人员文化程度较低。

表 5.2　贫困户基本特征情况

变量		频数	百分比（%）
性别	男	735	72.6
	女	278	27.4
年龄	16～25岁	191	18.9
	26～50岁	310	30.6
	51～60岁	260	25.7
	61岁以上	252	24.9
婚姻	未婚	112	11.1
	已婚	753	74.3
	再婚	20	2.0
	离婚	21	2.1
	丧偶	107	10.6
家庭人口规模	1人	46	4.5
	2人	81	8.0
	3人	146	14.4
	4人	177	17.5
	5人及以上	563	55.6
文化程度	文盲半文盲	397	39.2
	小学	287	28.3
	初中/中专	267	26.4
	高中/职高	48	4.7
	大专及以上	14	1.4

二、相关性分析

在对指标变量进行描述性统计分析后，我们还应该对指标变量进行相关分析。本书采用 Pearson 相关性分析双侧显著性分析，结果见表 5.3。从表 5.3 可以看出，大部分指标变量呈很强显著性相关，其中部分相关系数大于 0.9、接近于 1，表明这些变量之间存在着很强的信息重叠。鉴于此，需要用提取独立公因子来代替原有变量进行进一步分析。

表 5.3　变量 Pearson 相关性分析

	1	2	3	4	5	6	7	8	9	10	11	12	13	14	15	16	17	18	19	20	21	22
1	1																					
2	-0.779**	1																				
3	-0.652**	0.646**	1																			
4	-0.457**	0.832**	0.493**	1																		
5	-0.790**	0.871**	0.691**	0.717**	1																	
6	-0.633**	0.757**	0.528**	0.723**	0.719**	1																
7	-0.725**	0.604**	0.857**	0.332**	0.654**	0.459**	1															
8	-0.766**	0.638**	0.817**	0.350**	0.672**	0.485**	0.946**	1														
9	-0.450**	0.375**	0.724**	0.206**	0.575**	0.285**	0.620**	0.587**	1													
10	-0.342**	0.285**	0.551**	0.157**	0.496**	0.217**	0.472**	0.447**	0.761**	1												
11	-0.284**	0.237**	0.457**	0.130**	0.436**	0.180**	0.392**	0.371**	0.632**	0.830**	1											
12	-0.355**	0.296**	0.571**	0.162**	0.509**	0.225**	0.489**	0.463**	0.788**	0.965**	0.801**	1										
13	-0.303**	0.253**	0.488**	0.139**	0.455**	0.192**	0.418**	0.396**	0.674**	0.885**	0.937**	0.854**	1									
14	-0.699**	0.835**	0.504**	0.654**	0.812**	0.762**	0.507**	0.535**	0.314**	0.239**	0.199**	0.248**	0.212**	1								
15	-0.677**	0.851**	0.697**	0.828**	0.830**	0.790**	0.661**	0.698**	0.410**	0.312**	0.259**	0.323**	0.276**	0.695**	1							
16	-0.783**	0.859**	0.658**	0.783**	0.766**	0.794**	0.568**	0.600**	0.352**	0.268**	0.222**	0.278**	0.237**	0.674**	0.818**	1						
17	-0.779**	0.899**	0.635**	0.800**	0.793**	0.778**	0.565**	0.597**	0.350**	0.267**	0.221**	0.276**	0.236**	0.696**	0.839**	0.947**	1					
18	-0.658**	0.879**	0.657**	0.904**	0.788**	0.770**	0.536**	0.566**	0.333**	0.253**	0.210**	0.262**	0.224**	0.676**	0.912**	0.876**	0.869**	1				
19	-0.744**	0.883**	0.605**	0.826**	0.818**	0.796**	0.539**	0.570**	0.335**	0.255**	0.211**	0.264**	0.225**	0.723**	0.854**	0.907**	0.949**	0.867**	1			
20	-0.136**	0.328**	0.269**	0.557**	0.227**	0.664**	0.099**	0.104**	0.061	0.047	0.039	0.048	0.041	0.195**	0.531**	0.543**	0.493**	0.565**	0.494**	1		
21	-0.712**	0.942**	0.687**	0.850**	0.864**	0.759**	0.661**	0.692**	0.410**	0.312**	0.259**	0.323**	0.276**	0.820**	0.903**	0.818**	0.865**	0.867**	0.895**	0.373**	1	
22	-0.764**	0.909**	0.676**	0.784**	0.792**	0.709**	0.632**	0.668**	0.392**	0.299**	0.248**	0.309**	0.264**	0.680**	0.844**	0.875**	0.929**	0.881**	0.911**	0.392**	0.883**	1

注：** 在 0.01 水平（双侧）上显著相关，* 在 0.05 水平（双侧）上显著相关。

三、因子分析

由相关性分析可知，需要提取公因子后进行进一步分析。首先需要对指标 6 到指标 21 变量进行 KMO 和 Bartlett 的检验。从表 5.4 可知，KMO 检验值为 0.875，Bartlett 的球形度检验 P 值为 0.000，说明可以进行因子分析。从表 5.5 可以看出，累计方差贡献率分别为 85.433%，特征值分别为 1.459、4.548、3.344 和 3.082，结合各方差贡献率和特征值提取 3 个公因子，分别命名为“脱贫意愿”“精准识别”“精准帮扶”，每个公因子能够代替原来变量信息，不同变量在各公因子上的载荷详见表 5.5。

表 5.4　KMO 和 Bartlett 的检验

KMO		0.875
Bartlett 的球形度检验	近似卡方	25460.154
	df	120
	Sig.	0.000

表 5.5　因子载荷及公因子方差贡献

公因子	指标变量	载荷	特征值	方差贡献
脱贫意愿	是否愿意脱贫	0.901	1.189	7.429%
	是否向村“两委”递交脱贫申请	0.713		
	是否向村“两委”递交贫困申请	0.716		
精准识别	是否在汇总后召开村民代表大会	0.757	3.566	22.288%
	是否按照规定召开村民代表大会评议	0.950		
	村“两委”对初选名单是否核实	0.919		
	核实后的初选名单是否在村公示栏公示	0.936		
	乡镇复合的名单是否在村内第二次公示	0.947		

续表

公因子	指标变量	载荷	特征值	方差贡献
精准帮扶	是否知道村里有扶贫资金	0.728	8.914	55.716%
	对村里扶贫资金使用的看法	0.892		
	政府对扶贫工作的重视程度	0.916		
	政府对贫困户帮扶工作的满意程度	0.918		
	对现在生活的满意程度	0.921		
	精准扶贫政策给贫困户带来的帮助程度	0.926		
	享受到精准扶贫政策的实惠程度	0.697		
	对当地政府正在开展的扶贫项目了解程度	0.867		

四、精准扶贫满意度 Ordinal Logistic 回归分析

表 5.6 精准扶贫满意度 Ordinal Logistic 回归结果

因变量：精准扶贫满意度总体评价

变量		B	Std. Error	Wald	df	Sig.	95%置信区间	
							下限	上限
阈值	非常不满意	-41.204	9.653	18.221	1	0.000	-60.124	-22.285
	不满意	-39.104	9.233	17.938	1	0.000	-57.199	-21.008
	一般	-12.930	7.678	2.836	1	0.092	-27.979	2.119
	满意	6.652	7.302	0.830	1	0.362	-7.660	20.964
位置	性别	-.189	1.341	0.020	1	0.888	-2.816	2.439
	年龄	3.629	0.860	17.822	1	0.000	1.944	5.314
	婚姻	-3.600	1.709	4.438	1	0.035	-6.949	-0.251
	人口	0.944	0.854	1.222	1	0.269	-0.730	2.618
	教育程度	-4.020	1.390	8.364	1	0.004	-6.744	-1.296
	精准帮扶	12.636	2.363	28.595	1	0.000	8.005	17.268
	精准识别	-4.624	1.493	9.594	1	0.002	-7.550	-1.698
	脱贫意愿	-5.832	1.850	9.933	1	0.002	-9.459	-2.205

续表

变量	B	Std. Error	Wald	df	Sig.	95%置信区间	
						下限	上限
Cox 和 Snell	0.864						
Nagelkerke	0.990						
McFadden	0.969						
Sig.	0.000						

注：连接函数：Logit

本书使用 Ordinal Logistic 回归分析方法，通过引入受访户基本特征、脱贫意愿、精准识别、精准帮扶等解释变量，构建回归模型，进行最大似然估计，参数检验估计结果见表5.6。从参数检验估计结果来看，模型 McFadden 拟合优度达到0.969，模型系数的综合检验 P 值为0.000，小于0.001，表明模型拟合优度很好。

具体来看，在家庭特征方面，性别和人口因素对精准扶贫满意度没有显著影响，P值均大于0.05。年龄因素的回归系数为3.629（$P<0.01$），表明年龄因素对精准扶贫满意度存在显著正向影响，年龄每增加一岁，对精准扶贫满意度就会增加3.629，年龄越大，对精准扶贫满意度越高，这也印证了老人对国家实施精准扶贫称赞叫好这一现象。婚姻因素的回归系数为-3.600（$P<0.05$），表明婚姻因素对精准扶贫满意度存在显著负向影响，丧偶、离婚群体对国家精准扶贫满意度较低，这就要求我们在精准扶贫中特别关注丧偶和离婚孤独群体。教育程度因素的回归系数为-4.020（$P<0.05$），对精准扶贫满意度有显著负向影响，受教育程度越高，对精准扶贫越不满意。精准帮扶对精准扶贫总体满意度有显著正向影响，回归系数为12.636（$P<0.01$），精准帮扶因子包含政府的政策精准、重视程度、帮扶行为等因素，表明农牧民对政策依赖性较大，政府帮扶工作、重视程度对农牧民满意度影响较大。精准识别回归系数为-4.624（$P<0.05$），表明贫困户精准识别对农牧民满意度有显著负向影响。脱贫意愿的回归系数为-5.832（$P<0.05$），表明脱贫意愿与精准扶贫满意度有显

著负向影响，也就是说虽然受访户对精准扶贫满意，但是不愿意退出贫困户，这也符合实际调研的情况。

总体来看，除了性别和人口对精准扶贫满意度没有显著影响外，其余大部分解释变量对农牧民精准扶贫满意度均有显著影响。婚姻、教育程度、精准识别、脱贫意愿对农牧民精准扶贫满意度有显著负向影响，年龄、精准帮扶对农牧民精准扶贫满意度有显著正向影响。

第五节　扶贫绩效满意度研究结论与政策建议

本书通过对西藏地区六市一地区的1013份农牧民的调查数据，运用因子分析对精准扶贫各维度进行了公因子提取，并对提取的公因子与农牧民精准扶贫总体满意度进行了 Ordinal Logistic 回归分析。综合上述实证分析结果发现，各维度对精准扶贫总体满意度均有显著影响，具体表现在以下几个方面。

第一，婚姻、教育程度对精准扶贫满意度有显著负面影响。婚姻是一个家庭生活幸福满意的纽带，婚姻中男女双方是一个家庭收入来源的主要依靠力量，婚姻中丧偶群体在生活中比较孤独，一个人承担家庭中的重担，人均扶贫受益较小而低于预期，因而对精准扶贫总体满意度要低于已婚家庭。鉴于此，政府应加大对丧偶、离婚群体的精准帮扶，使之感受到政府的温暖。教育程度越高，预期期望就越高，对精准扶贫工作提出更高的要求。因此，相对而言教育程度高的受扶贫群体对当前精准扶贫工作的满意度不高。

第二，年龄对精准扶贫满意度有显著正面影响。年龄较大的受访户对精准扶贫满意度较高，这是由于年龄大的农牧民经历过封建农奴制度的摧残，对中国共产党领导下的各级人民政府以及社会主义怀有特别的感情，对政府精准扶贫充满了感恩，老年人随着年龄的增大丧失劳动力，导致收入减少，晚年生活更多依赖子女和政府，国家实行高龄补贴和养老保险让老年人产生较大边际效益，使他们感到非常满意。

第三，脱贫意愿、精准识别与精准扶贫满意度呈显著负相关。随着精准扶贫的深入，越来越多的资金倾斜和政策优惠等惠及各类人群，更多的人享受到了精准扶贫带来的诸多实惠和好处，导致很多人不愿脱贫、争戴“贫困帽”，这不仅影响资源的有效配置和扶贫“造血”的本意，也是对扶贫工作目标实施的干扰。精准识别对精准扶贫满意度有显著负面影响，需要政府加大精准识别的各个环节，确保识别中的公正、公开、公平，提高农牧民的满意度。

第四，精准帮扶显著影响精准扶贫满意度，且影响程度较大。政府重视程度越高、工作帮扶越大、政策精准性越高、扶贫满意度就越高，数据表明当前西藏精准帮扶中政府作用较大，达到12.636。因此，今后精准扶贫中继续强化扶贫政策精准性，民生领域资金使用的公开度，让广大农牧民及时知晓精准扶贫的政策释义，搞明白精准扶贫的工作过程，释怀心中的疑惑。

当前边疆民族地区精准扶贫实践中，精准识别、政府帮扶工作、政府重视程度、政策精准性都影响着精准扶贫满意度。针对当前西藏农牧民精准扶贫满意度研究中存在的诸多问题，结合上述分析结论，对有关民族地区各级政府在精准扶贫工作中提出以下政策建议：

第一，创新政府精准识别体制机制，有效提高精准识别精准度。当前精准扶贫识别存在一些问题，如贫困户识别依靠其主动提出贫困申请，片面依据纸质说明。对贫困户进行精准识别、科学建档、动态管理，才能做到“扶真贫、真扶贫”。在精准识别中，考虑到有关民族地区的脆弱性实际情况，结合“一进二看三算四比五查六议七定”工作方法。具体方法内容为：“一进”即村委会、驻村工作队、第一书记等对全村农牧民逐户进家走访调查，摸清家庭成员情况、生活状况、家庭人员健康情况、子女教育情况等；“二看”即看房子、家电、家具、交通工具等；“三算”即测算收入、支出、储蓄、债务等；“四比”即与村里其他农牧户比收入、比资产、比生活、比住房等；“五查”即查资产（商品房、企业、门面房等）、家庭中担任村干部、家庭中有公职人员等；“六议”即结合贫困户申请理由真实性、合理性，综合各因素考量，逐户评议，争取获得大多数农牧民认可；“七定”即由村“两委”推荐并公示，乡镇党委、政府复核确定并公示，从而提高民族地区贫困群体对贫困户精准识别的满意度。

第二，加强民族贫困地区的教育扶贫和文化扶贫，有效提升民族贫困地区贫困群体的能力素质和发展意识。党的十八大以来，国家不断加大对民族贫困地区的扶持力度，民族地区的贫困群体受益很大，从而使部分贫困户形成了较大的依赖意识，这与开展实施“精准扶贫脱贫”基本方略是背道而驰的。另外，民族贫困地区的贫困文化不是一天形成的，其退出也难以短时间实现。为提升民族贫困地区的造血功能，必须强化文化扶贫，采取措施鼓励贫困群体自主创业和增收增产，强化贫困群体的发展意识和能力。

第三，健全贫困户动态退出机制。贫困户退出应该进行民主评议，召开村民代表大会评议贫困户是否达到退出条件，对已经达到退出条件的农牧民，村“两委”和驻村工作队应该上门核实并得到贫困户的认可后审核上报，乡镇对复核后的名单进行批准，并从贫困名单中予以剔除，停止继续享受扶贫待遇。对于贫困户的退出，各级政府及相关部门应该重视和审慎对待，严格按照程序和标准，杜绝“虚假脱贫”“数字脱贫”“被脱贫”“强制脱贫”等现象的发生。同时，要做好脱贫群众的思想工作，确保恶性事件和群体性事件不发生，接受全社会监督，真正实现贫困户有进有出，动态管理。

第四，优化扶贫资金分配机制。强化民族地区政府职能，并加强与市场机制的融合。优化整合相关部门的扶贫资金，把扶贫资金向基础设施、教育、医疗等能够产生普惠性影响的基础性项目倾斜。创新资金竞争性分配机制，把资金分配与精准扶贫绩效、政府扶贫考核相结合，对精准扶贫成效显著，快速提高贫困户增收致富的产业或项目实施以奖代补的竞争性资金分配方式。此外，还应该加强扶贫资金监督力度，赋予贫困户知情权和监督权，构建省、市、县、乡（镇）、村五级监督体系，覆盖全部扶贫项目，成立由省、市、县、乡（镇）、村民联合组成的督查组，每年对扶贫项目和资金抽查，提高贫困户对扶贫资金使用的满意度评价。

第五，优化产业扶持和金融扶持政策。非贫困群体相较于贫困群体，有着经济优势和信息优势，在产业和金融政策方面比贫困群体更易获得政策支持。因此，扶持“特色基地＋扶贫龙头企业＋贫困户群体”“企业＋专业合作社＋贫困户群体”等“精准扶贫产业链”，突出资源禀赋，培育“一县一特色”“一乡一产业”“一村一品牌”等产业和产品，做优做强乡镇经济和县域经济，提高贫困农牧民自我发展能力。对贫困户发展生产、发展经济组织给予小额贷款、扶贫资金贴息贷款，5 万元以下的小额贷款免担保、免抵押，加强国有商业银行对民族地区普惠金融服务，帮助或协助民族地区发展村镇银行、农牧民互助资金社等普惠性金融机构。

上述建议对于少数民族地区精准扶贫和全面脱贫的实现是十分必要的。在少数民族地区产业扶贫过程中要考虑上述影响因子的作用，才能有效提高精准扶贫效果。对少数民族地区产业扶贫要做到识别精准、资源精准、特色产业扶持政策精准和强化可持续发展等要求，只有这样才能提高民族地区扶贫满意度。

第六章

少数民族地区产业扶贫难点与重点分析

产业扶贫是指以市场为导向、以经济效益为中心、以产业发展为杠杆的扶贫开发过程，是促进贫困地区发展、增加贫困农户收入的有效途径，是扶贫开发的战略重点和主要任务。产业扶贫是一种内生发展机制，目的在于促进贫困个体（家庭）与贫困区域协同发展，根植发展基因，激活发展动力，阻断贫困发生的动因。因此，产业扶贫就是根据产业发展特点、产业发展的要素等内在需求，提供必要的帮扶以实现贫困地区的产业发展。本章将对少数民族地区产业扶贫中存在的难点与重点问题进行深入分析，以探究少数民族地区产业扶贫的内在规律，促进我国少数民族地区产业扶贫工作顺利开展。

第一节　少数民族地区产业扶贫的难点及其对策分析

我国少数民族贫困地区之所以贫困，是因为这些地区往往产业发展严重滞后，导致当地居民就业不足，收入水平与全国平均收入水平差距较大。而少数民族贫困地区产业发展落后主要受资金不足、技术落后和人才等诸多资源稀缺等因素的影响。目前少数民族地区产业扶贫面临的突出问题主要有以下几点。

一是与市场有效对接不够，产业市场回报率占有率较低。一些产业发展起来以后，因为销售、管理等方面经验的缺乏，难以有效将产品推向市场，产业扶贫收益率不高，影响贫困农户发展积极性。

二是规模较小，带动作用不明显。扶贫产业规模相对较小，收益周期较长，带动贫困户作用有限，再加之受市场波动影响，一些扶贫产业被市场淘汰，难以起到预期的带动作用。

三是缺乏经验丰富的致富带头企业家，扶贫产业发展与预期效益存在较大偏差。近年来返乡创业人才较多，但优秀企业家较少，一些扶贫产业存在后续投入不在、经营管理不善等情况，产业负责人因管理思想、资金等因素限制难以将扶贫产业做大做强。

为提高扶贫产业效益，建议重点做好以下产业扶贫工作：一是进一步完善交通等基础设施。对已有交通进一步进行提档升级，完善信息传递、网络平台的构建和运用，促进信息的交流互通，根据市场变化针对性地制定和调整产业方向和相关政策。二是加大资金投入，提升扶贫产业带动作用。进一步优化产业扶贫政策，加大资金投入的力度和集中性，进一步优化融资环境，打通融资壁垒，切实降低融资成本。三是加大人才引进力度。完善各项配套机制，引进优秀人才，进一步加大对企业从业者的培训，培养一批有潜力的企业家，充分发挥本地企业家带头致富作用。

此外，还要实施好以下四点产业扶贫措施。

一是做好“特色产业选育”的文章。结合贫困村的地域特点、基础条件和贫困群众的需求，大力发展特色农产品和劳务产业，延伸农业产业链条，实现特色产业规模化、集约化连片开发，因地制宜、因人制宜，一乡一业、一村一品、一户一策，实现差异化发展。立足当地自然禀赋，挖掘地方特色资源，继续发挥贫困村驻村干部、第一书记的作用，广泛征求贫困农户意见，集思广益筛选特色产业项目，做到宜牧则牧、宜林则林、宜果则果、宜菜则菜、宜游则游，川区可重点发展绿色、有机等高端设施农业，山区可重点发展养殖业，自然条件相对较好的山台地、塬区，可重点发展林果经济，生态环境优美的乡村可重点发展乡村旅游。同时，抓好“三品一标”农产品认证工作，积极宣传推介名优农产品，不断提高农产品的商品率和竞争率。

二是做好“壮大经营主体”的文章。以县内农业龙头企业、农民专业合作社为主，选择经营效益好、带动能力强、诚实守信的龙头企业等新型农业经营主体，充分发挥其适应市场、对接市场、抗风险强的优势，使其成为产业脱贫路上的领旗手、带头人，带领贫困农户奔小康。不断修订完善龙头企业扶持政策，加大对农民合作社、龙头企业等经营主体的支持力度，充分调动其参与产业扶贫的积极性，通过采取优先承担涉农项目建设、优先解决贷款贴息等措施，帮助贫困地区的带动主体做大做强，不断提高自身发展能力和引领贫困农户脱贫致富能力。

三是做好“创新体制机制”的文章。把共享理念贯穿到扶贫产业发展的全过程，引导贫困农户与新型经营主体之间加强合作，建立更加紧密的利益连接机制，全面推开农村“三变”改革工作，扎实推进农村产权制度改革，采取存量折股、增量配股等形式，推动农村资产股份化、土地股权化，资源变股权，让沉睡资源活起来。采取集中投入、产业带动、农民受益等方式，实现资金使用的效益最大化，资金变股金，让分散资金聚起来。通过规模化、产业化、市场化发展，让资金在市场中流动起来，提高农民在土地增值收益中的分配比例，实现增收致富。

四是做好“加大投入保障”的文章。调整财政扶贫资金投入方式，发挥财政资金“四两拨千斤”功能，撬动更多社会资本，参与贫困乡村特色产业发展。探索推行互助资金产业化管理，实现扶贫资金专业管理、精准投放、循环使用、收益持续，解决好谁来用、怎么用等问题。创新金融扶贫模式，逐步扩大农村土地承包经营权、订单农业和农业设施设备抵押贷款试点，缓解新型经营主体抵押物不足问题。探索建立“银行 + 政府”多方信贷风险分担补偿机制，引导金融机构加大对贫困户和带动主体的支持力度。创新保险扶贫手段，探索开展农产品产量保险、扶贫小额贷款保证保险、价格指数保险、收入保险等试点，降低扶贫产业经营风险。

第二节　少数民族地区产业扶贫的重点分析

我国少数民族地区一般处于交通闭塞、地理条件较恶劣的偏远地区，正如上一节所述，少数民族地区由于自然条件较差、经济发展较落后、当地人民受教育程度较低，资金和技术等资源难以满足产业发展要求，因此少数民族地区产业扶贫难度较大。为确保我国少数民族地区实现产业扶贫可持续发展并与全国一道建成小康社会，针对少数民族地区产业扶贫，务必要抓好以下几项重点工作。

第一，少数民族地区产业扶贫要做好产业扶贫规划、选好主导产业或支柱产业。要做好产业扶贫规划“凡事预则立，不预则废”，产业扶贫规划是少数民族地区产业发展的指导计划和具体实施指南，也是少数民族地区对口产业扶贫的依据。少数民族地区主导产业或支柱产业是由该地区资源和自然条件所决定的、具有辐射效应和带动作用的产业。只要选好选准少数民族地区的主导产业，由于其扩散联动效应的作用，将会带动该地区一系列产业的发展，从而促进该地区国民经济与社会全面发展。

第二，少数民族地区产业扶贫要发挥好产业联动机制，提高社会参与度。目前，少数民族地区的产业发展存在小而散、品牌杂乱、缺乏规模效益等现象，因此多数少数民族地区的产业缺少带动效应，社会发展和就业水平较低。为提高少数民族地区产业发展联动效应，要强化理顺对接好产业链，使各产业连接更为紧密；要提高该地区社会参与意识，包括相关企业、贫困户以及个人，都要积极参与到产业发展和产业扶贫中，积极加入产业链分工环节中。

第三，少数民族地区产业扶贫要提高扶贫精准度。要实现精准识别、精准政策制定、精准帮扶、精准技术、精准资源等。我国少数民族贫困地区差异较大，因此在开展产业扶贫时不能千篇一律、照搬照抄，而要因地、因村施策。要根据少数民族贫困地区具体情况精准选择相应的扶贫产业，根据选定的扶贫产业，再配置相应的技术和资金以及人才、土地和基础设施等资源。在扶贫产业落地后，还要进行精准帮扶，识别贫困户及个人，实行帮扶到户到人；此外，还要帮助联系市场、提供信息和宣传服务以及落实优惠扶持政策等各项精准服务。

第四，少数民族地区产业扶贫要理顺扶贫机制、确保各项资源投入到位。在少数民族贫困地区产业扶贫过程中，理顺扶贫机制即扶贫责任机制、考核机制和激励机制等极为重要。如果缺少完善的扶贫机制，很可能会造成扶贫各部门要么多头管理、各行其是，要么各部门推诿拖沓、不负责任。只有在完善的扶贫机制保障下，各项扶贫资源才会按照既定的规划和方案落实到位，才能实行精准管理和资源的最佳使用。

第七章

凉山少数民族地区产业扶贫可持续发展策略

第一节　凉山少数民族地区产业扶贫难点分析

综合上述六个章节的论述，凉山州少数民族地区近年来经济发展取得了飞速进展，脱贫攻坚事业获得了巨大进步。凉山州全州干部以及对口援助扶贫干部队伍仍处在脱贫攻坚第一线，同心同德、全力以赴地为实现全州全面脱贫而不懈努力。通过上述对凉山州整体以及各县市经济发展状况的分析，可以总结得出凉山少数民族地区产业扶贫的几大难点，可以概述为：地区之间产业发展不平衡、产业扶贫“双低”影响较大、产业扶贫资源配置效率低、产业扶贫企业依赖度高和产业扶贫规模不足等方面。具体情况如下所述。

一、地区之间产业发展不平衡

凉山州幅员广大，下辖有17个县市。各县市之间由于地理位置、历史发展经历、文化教育水平等原因而出现经济发展很不平衡。根据本书第一、第二章的分析可见，西昌市、会理县由于投入产出效率较高，地区经济增长较快。其他15个县由于不同效率原因，地区经济增长较落后。通过凉山州各县市投入产出效率分析，各县市的产业发展存在不同的问题和难点，需要根据具体情况采取适当的扶贫援助方法予以支持。例如，有些县需要重点加大技术支持和人才扶持力度，如昭觉县和越西县；而另一些县需要特别加大资金投资力度，如木里县和普格县。

二、产业扶贫“双低”影响较大

根据上述对凉山州及各县市的投入产出效率分析可知，凉山州在产业扶贫过程中存在着“双低”效应，即产业扶贫科技含量低和产业扶贫带动效应低。

1. 产业扶贫科技含量低

根据本书第二章第五节的数据包络分析，凉山州 17 个县市有 11 个县的技术进步效率指数低于 1，说明这些县的技术进步不够。可见，前几年凉山州的产业扶贫科技含量较低，直接影响到有关县的地区经济增长。产业扶贫科技含量低一方面是由于凉山少数民族地区地处偏远、交通封闭落后，某些科技型企业难以落地；另一方面也由于凉山少数民族地区经济落后，收入水平低，教育投入不足，以致凉山地区人力资本积累不足，文化素质和技能水平难以提高，所以这些地区的产业扶贫科技含量也难以提高。

2. 产业扶贫带动效应低

产业扶贫就是要通过扶贫措施将资源精准配置到贫困户，扶持贫困户发展符合其自身条件的产业项目，激活贫困户脱贫的内生动力。产业扶贫对于促进就业、拉动经济增长、带动贫困人口增收脱贫具有一定的推动作用。凉山少数民族地区产业扶贫模式可分为基层组织带动、合作社带动、龙头企业带动三种模式。基层组织带动模式是由村集体为代表的基层组织带头建立的产业扶贫模式，主要包括“村集体 + 农户”“村集体 + 龙头企业 + 农户”等形式，帮扶措施有土地流转、就业帮扶、公益性岗位等；合作社带动模式是由合作社牵头组织的产业扶贫模式，主要包括“合作社 + 农户”“合作社 + 企业 + 农户”等形式，帮扶措施有吸纳社员、资金入股分红、产业托管等；龙头企业带动模式是龙头企业牵头和其他主体参与形成的扶贫模式，主要包括“龙头企业 + 农户”“龙头企业 + 合作社 + 农户”“龙头企业 + 基地 + 农户”等形式，帮扶措施有就业帮扶、入股分红、产品代销等。凉山少数民族地区由于特殊的地理位置以及技术条件落后，思想观念不够先进，这些产业扶贫模式部分有可能会限制农业产业化向深层次发展，产业发展的利润有限，进而影响贫困户的收入增长并削弱产业扶贫的带动效应。

三、产业扶贫资源配置效率低

产业扶贫资源的配置效率高低直接影响到贫困地区的脱贫攻坚问题。在充分尊重连片特困区的资源特点、产业特点的基础上，完全立足于产业发展，打破区域界线，实现资源的统一配置，提高规模效益、资源配置效率和扶贫效果，将会极大地强化产业扶贫效果。传统上，凉山州各县市分别独立主抓各自县市的脱贫攻坚工作，这样会形成各县市各自奋战、争先脱贫的格局。这种局面虽有助于各县市提高竞争效率和强化各县市的扶贫工作热情，但在不同贫困村之间、不同贫困户之间和不同贫困县之间的资源配置难以合理化，有可能会浪费扶贫资源或导致两极分化，强的越强、弱的越弱。因此，产业扶贫资源在更高的层次上实行统一配置更有利于优化资源配置。

四、产业扶贫企业依赖度高

由于凉山少数民族地区地理位置偏僻、交通条件落后，文化教育水平低和思想观念保守等原因，凉山州各县市产业扶贫企业长期接受州市县政府以及对口援助单位的大力支持，存在不同程度的依赖性。主要表现在技术依赖性、资金依赖性和人才依赖性等方面。产业扶贫企业由于当地文化教育程度低，科研水平难以支撑扶贫企业的技术研发和进步，因而对对口援助产生依赖性。扶贫企业由于经济发展水平低，企业利润微薄，积累资本不足，因而对政府和对口援助单位产生资金依赖性。扶贫企业由于所在地教育水平落后，人才培养和吸收引进不足，因而对对口援助干部人才形成人才的依赖性。为促进凉山少数民族地区的产业扶贫企业可持续发展，必须加大社会文化经济发展力度，以减少上述依赖性。

五、产业扶贫规模不足

凉山少数民族地区特别重视特色产业发展，出台了各项特色产业扶持办法等相关政策，但受地区财力限制，资金投入难以满足产业发展需求，贫困村交通、水利等支撑产业发展基础设施还不够完善。此外，凉山州金融机构提供的融资额度较低，对经营主体扩大规模作用不大，对没有基础的贫困户发展产业帮扶作用较小。目前，凉山部分县区扶贫资金整合度还不高，互助资金量少且使用面小，“四两拨千斤”的作用发挥不到位，村级集体经济薄弱，缺乏稳定收入来源，不能有效带动群众受益。根据本书第二章第五节的数据包络分析，显示凉山州 17 个县市有 15 个县投资规模不足，直接影响到地区经济增长效率和速度。为加快凉山少数民族地区的脱贫攻坚工作，确保凉山少数民族贫困地区的投资规模是不可缺少的产业扶贫政策之一。

第二节　凉山少数民族地区产业扶贫策略建议

根据中央《关于做好 2020 年产业扶贫工作的意见》，通过十项具体工作要求指导全年的产业扶贫工作。该意见指出，2020 年是全面建成小康社会目标实现之年，是全面打赢脱贫攻坚战收官之年。产业扶贫是稳定脱贫的根本之策，也是巩固脱贫成果防止返贫的关键措施，高质量完成脱贫攻坚任务，必须要发挥好产业扶贫的普惠性、根本性作用。该意见强调，各地各相关部门要深入学习贯彻习近平总书记关于扶贫工作的重要指示批示精神和中央脱贫攻坚决策部署，围绕保脱贫、强产业、补短板、防风险、促巩固，聚焦未摘帽县和重点贫困村，聚焦“三区三州”等深度贫困地区，突出主体培育、产销对接、科技服务、人才培养等关键环节，加强统筹协调，加大倾斜支持，强化措施落实，在做好新冠肺炎疫情防控工作的同时，切实做好产业扶贫工作，为打赢脱贫攻坚战、巩固脱贫攻坚成果提供有力支撑。当前为做好凉山地区产业扶贫工作，必须要坚持实事求是、稳扎稳打做好以下工作。

第一，全力应对新冠肺炎疫情对产业扶贫影响。贯彻落实党中央、国务院关于做好新冠肺炎疫情防控的决策部署，围绕打赢疫情防控阻击战统筹安排产业扶贫相关工作。深入分析疫情对贫困地区产业发展影响，制定滞销卖难农产品应急销售方案，把贫困地区农产品作为疫情防控期间“菜篮子”产品有效供给的重要来源，推动产区和销区构建“点对点”的对接关系，协调优化鲜活农产品运输“绿色通道”政策，抓好因疫情造成的部分贫困地区农产品“卖难”问题。做好春耕备耕工作，加强农资调配和市场供应。多途径协调解决带贫龙头企业、农民合作社等用工难问题，支持带贫企业尽早复工复产，稳妥有序推进贫困群众返岗就业。

第二，集中攻克深度贫困堡垒。加大“三区三州”等深度贫困地区产业扶贫政策倾斜力度，新增产业扶贫资金项目重点用于深度贫困地区，集中资源全力推进深度贫困地区扶贫产业加快发展。召开“三区三州”产业扶贫工作推进会，研究部署“三区三州”产业扶贫工作。加大对 52 个未摘帽县和 1113 个重点贫困村的指导和支持，跟踪政策措施落实、扶贫产业覆盖、新型主体带动、服务体系建设等情况，及时研究解决产业发展难题。

第三，提升贫困地区特色产业发展水平。有机肥替代、节水技术示范、轮作休耕、畜禽粪污资源化利用、畜禽标准化养殖场建设等产业发展项目向贫困地区倾斜，加强扶贫产业基地建设，深入推进贫困村“一村一品”发展。支持有条件的贫困县创建一二三产业融合发展的扶贫产业园，农业产业强镇项目加大对贫困地区的支持力度，引导农产品加工产能向贫困县县城、重点乡镇、易地扶贫搬迁安置区集中集聚。美丽休闲乡村推介向贫困地区倾斜，加大对贫困地区休闲农业精品景点路线的宣传推介。

第四，加强贫困地区农产品产销对接。农产品仓储保鲜冷链物流设施建设工程向贫困地区特别是“三区三州”等深度贫困地区倾斜，优先支持未摘帽县，相关建设项目优先纳入脱贫攻坚项目库。支持贫困地区开展绿色食品、有机农产品和地理标志农产品认证登记，减免相关费用，实行优先受理、优先现场检查、优先检测、优先审核、优先颁证政策。开展消费扶贫行动，积极开展贫困地区农产品产销对接活动，鼓励在全国性和省级组织的各类大型展销洽谈会设立扶贫专区，减免相关费用。强化贫困地区特色农产品信息监测、预警和发布，推动电商平台开展扶贫专卖。加强对贫困地区区域公用品牌、企业品牌、产品品牌建设指导，优先支持纳入农业品牌目录。

第五，增强新型经营主体带贫能力。继续组织龙头企业到贫困地区开展项目对接、合作洽谈，推动龙头企业到贫困地区投资兴业。落实好大型养殖企业与贫困地区签订的生猪发展合作协议，促进贫困地区恢复生猪生产。支持贫困地区农民合作社开展示范创建，加大合作社人才培养力度，增强带动能力。完善政策扶持与带贫效果挂钩机制，在项目安排、资金扶持、示范评定、用地用电等方面加大对带贫能力强的新型经营主体的支持力度。大力推广订单生产、土地流转、就业务工、生产托管、股份合作、资产租赁等带贫模式，推动贫困户与带贫主体建立稳定利益联结关系，纠正“一发了之”“一股了之”等问题。扎实推进贫困地区经济薄弱村发展提升计划实施，为贫困户脱贫增收提供多重保障。

第六，强化产业扶贫科技和人才支撑。健全贫困地区产业技术专家组，在脱贫攻坚挂牌督战县探索建立产业技术顾问制度，健全科技帮扶工作长效机制。全面实施贫困地区农技推广特聘计划，充分发挥基层农技推广队伍作用，实现贫困村农技服务全覆盖。依托现代农业产业技术体系，组织岗位科学家、综合试验站站长围绕贫困地区特色产业发展需求开展技术攻关。加强产业发展指导员队伍建设，督促产业指导员履行好贫困户产业发展指导责任。加大贫困村创业致富带头人实训基地建设和培育力度，农村实用人才带头人和大学生村官示范培训班全部面向贫困地区实施，继续加大对贫困地区高素质农民培训经费投入。建立分级分类培训制度，重点培训贫困村“两委”干部、产业带头人和专业技术人员。支持有条件的贫困县创建农村创新创业示范基地，强化对返乡入乡创业人员的培训和政策扶持。

第七，切实防范产业扶贫风险。各地要加强产业扶贫风险监测，以贫困县为单位建立带贫主体目录，将参与产业扶贫的龙头企业、农民合作社等主体作为风险评估的主要对象，系统评估生产经营、带贫能力等方面主要风险。健全风险预警机制，强化决策咨询、项目管理、产品销售、技术支撑、保险保障等风险防范措施。落实风险防范责任，加强业务培训，增强干部群众产业扶贫风险意识和防范能力。当前，要注重防范春茶、蔬菜等产业因新冠肺炎疫情影响导致的企业用工和市场流通风险。

第八，巩固提升产业扶贫成果。梳理评估产业扶贫政策措施实施情况，保持产业帮扶政策措施稳定。开展产业扶贫规划评估，指导贫困县制定优势特色产业发展规划，突出产业联贫带贫。加强产业扶贫工作调度，指导贫困地区强化产业扶贫基础性工作，培育能够持续发挥效益的主导产业。系统总结宣传产业扶贫工作成效，开展巩固产业扶贫成果现场观摩，遴选一批产业脱贫和产业帮扶典型，运用好微博、公众号、短视频等新媒介，讲好产业扶贫故事。

第九，加大产业扶贫财政投入和金融保险支持。继续将贫困因素纳入资金分配权重，农业生产发展、高标准农田建设等项目和资金加大向贫困地区倾斜力度。加大专项扶贫资金和其他涉农整合资金、东西协作资金等支持产业扶贫力度，优先用于保障贫困人口直接受益的产业发展资金需求，由贫困县因地制宜确定支持的重点产业项目和重点环节。鼓励加大对带贫成效突出的龙头企业、农民合作社、创业致富带头人的信贷支持力度，对贫困地区受新冠肺炎疫情影响大的带贫新型经营主体，优先发放信贷资金。支持全国农担体系切实降低对贫困地区特别是“三区三州”等深度贫困地区担保费率，助力贫困地区发展壮大农业产业。及时发放扶贫小额信贷，适当延长受新冠肺炎疫情影响还款困难贫困户的还款期限。加快发展特色农产品保险，推动优势特色农产品保险奖补试点，扩大品种覆盖面和加大保障力度。

第十，加强产业扶贫工作组织领导。各地要充分认识产业扶贫在巩固脱贫攻坚成果防止返贫中的特殊重要性，把产业扶贫摆在脱贫攻坚的突出位置，切实加强产业扶贫工作组织领导。完善产业扶贫工作协调机制，加强部门间协作配合，强化收官之年的各项政策措施落实落地，确保取得实效。深入开展脱贫攻坚专项巡视“回头看”和脱贫攻坚成效考核，发现问题整改，建立问题清单、任务清单和责任清单，确保整改到位。强化产业扶贫领域腐败与作风问题专项治理，完善作风建设长效机制。

参考文献

1. 2019年凉山州政府工作报告［N］. 凉山日报，2019.01.30.

2. 2020年凉山州政府工作报告［N］. 凉山日报，2020.06.08.

3. 国家统计局编. 2018年中国统计年鉴［M］. 北京：中国统计出版社，2018.

4. 2014—2018年凉山州国民经济和社会发展统计公报［R］. 凉山州统计局官网，2019.02.

5. 西藏统计局，中国统计局西藏调查总队. 西藏统计年鉴［M］. 北京：中国统计出版社，2015.

6. 陈仲常. 产业经济理论与实证分析［M］. 重庆：重庆大学出版社，2005.

7. 党兴华. 产业经济学［M］. 西安：陕西人民出版社，1994.

8. 苏东水. 产业经济学［M］. 北京：高等教育出版社，2001.

9. 詹姆斯·罗宾逊. 产业政策和发展：政治经济学视角［J］. 比较，2016（2）.

10. 布迪厄. 再生产［M］. 北京：商务印书馆，2000.

11. 李悦，李平. 产业经济学［M］. 北京：中国人民大学出版社，2008.

12. 郭佩霞. 民族地区反贫困目标瞄准机制的建构——基于凉山彝区的分析［J］. 农村经济，2008（5）.

13. ［英］亚当·斯密. 国民财富的性质和原因研究［M］. 北京：商务印书馆，1972.

14. ［英］大卫·李嘉图. 政治经济学及赋税原理［M］. 北京：华夏

出版社，2013.

15. ［印］阿比吉特・班纳吉，［法］埃丝特・迪弗洛．贫穷的本质：我们为什么摆脱不了贫穷［M］．北京：中信出版社，2013.

16. 常艳杰．当前中国民生问题研究［D］．硕士论文，2009（6）．

17. 李海燕．就业是民生之本［M］．郑州：中原农民出版社，2006.

18. 张曼．农村社会保障——关注农村民生问题［M］．北京：中国社会出版社，2007.

19. 全国干部培训教材．社会主义新农村建设［M］．北京：人民出版社，2011.

20. 郑功成．中国社会保障改革与未来发展［J］．中国人民大学学报，2010（5）．

21. 孙学玉等．当代中国民生问题研究［M］．北京：人民出版社，2010.

22. 国务院发展研究中心课题组．民生为本：中国基本公共服务改善路径［M］．北京：中国发展出版社，2012.

23. 习明明，郭熙保．贫困陷阱理论研究的最新进展［J］．经济学动态，2012（3）．

24. 王仕民，刘瑶瑶．浅谈边疆少数民族贫困地区产业扶贫存在问题及发展对策措施思考［J］．现代园艺，2017（2）．

25. 苗长虹．区域发展理论：回顾与展望［J］．地理科学进展，1999（4）．

26. 王必达．西方区域经济发展理论的演变与启示［J］．兰州商学院学报，2004（4）．

27. 高志刚．区域经济发展理论的演变及研究前沿［J］．新疆教育学院学报，2002（1）．

28. 张可云．三种区域经济发展理论介绍［J］．生产力研究，1990（4）．

29. 饶会林．区域发展差距走势的理论与方法分析——对倒 U 字型观点的评价与发展［J］．青岛科技大学学报（社会科学版），2005（1）．

30. 饶会林，陈福军，董藩．双 S 曲线模型：对倒 U 型理论的发展与完善［J］．北京师范大学学报（社会科学版），2005（3）．

31. 魏后凯．西方区域经济发展理论——西方区域经济学述评（下）［J］．开发研究，1990（5）．

32. Díaz Alejandro, Carlos. Essays on the Economic History of the Argentine Republic. London: Yale University Press, 1970.

33. Acemoglu, Daron, Johnson, Simon and Robinson, James. The Colonial Origins of Comparative Development: An Empirical Investigation[J]. American Economic Review, 2001(5).

34. Acemoglu, Daron, Simon Johnson and James A. Robinson. "The Rise of Europe: Atlantic Trade, Institutional Change and Economic Growth", American Economic Review, 2005a(3).

35. Acemoglu, Daron, Simon Johnson and James A. Robinson. "Institutions as the Fundamental Cause of Long – Run Growth", Handbook of Economic Growth, edited by Philippe Aghion and Steven Durlauf, Amsterdam: Elsevier, 2005b.

36. Acemoglu Daron and A. Robinson. Economic Backwardness in Political Perspective, American Political Science Review. 2006.

37. Acemoglu, Daron and James A. Robinson. Persistence of Power, Elites and Institutions[J]. American Economic Review, 2008(1).

38. Acemoglu, Daron, Johnson, Simon, Robinson, James A. and Yared, Pierre. Income and Democracy[J]. American Economic Review, 2008(3).

39. Azariadis, Costas and Stachurski, John. Poverty traps[M]. In: Aghion, P., Durlauf, S. N. (Eds.), Handbook of Economic Growth, vol. 1A. Elsevier, Amsterdam. Chapter 5, 2005.

40. Azariadis, Costas. The theory of poverty traps: what have we learned? [M]. In: Samuel Bowles, Steven N. Durlauf, and Karla Hoff. Poverty Traps. Princeton, N. J. : Princeton University Press,2006.

41. Myrdalg. Economic Theory and underdeveloped Region[M]. London: Duckworth,1957.

42. Kaldor N. The case for regional policies[J]. Scottish Journal of political Economy,1970(3).

43. Dixon R J,Thirlwall A P. A model of regional Growth Rates differences on Kaldorian lines[J]. Oxford Economic papers,1975(2).

44. Friedmann J. Regional development policy: A case study of Venezuela [M]. Cambridge ,Mass : MIT Press,1966.

45. Friedmann J. A general theroy of polarized development [M]. Los Angeless:UCLA,1967.

46. Friedmann J. Urbanization, Planning and Regional Development [M]. Beverly Hills,Calif; Sage Publication,1973.

47. Williamson J G. Regional Inequality and the Process of National Development: A Description of the Patterns[J]. Economic Development and Cultural Change, 1965(13).

48. Alonso W. Five Bell Shaped Curves[J]. Papers of the Regional Science Association,1980(45).

49. Chou, B. J. P. Implementing the Reform of Performance: Appraisal in China's Civil Service[J]. China Information. 2005 (1).

50. Jha Raghbendra,Bhattacharyya Sambit,Gaiha Raghav,et al. Capture of Anti-poverty Programs:An Analysis of the National Rural Employment Guarantee Program in India[J]. Journal of Asian Economics,2009(4).

后　记

为深入学习贯彻习近平总书记关于扶贫工作的重要论述特别是习近平总书记关于凉山少数民族地区脱贫攻坚工作的重要指示精神，中国工人出版社策划了“十三五”国家重点出版物出版规划项目“凉山少数民族地区脱贫攻坚模式研究丛书”，本书作为该出版项目的系列图书之一，由中国少数民族经济发展协同创新中心（省部共建）负责相关研究和写作工作。

本书运用产业经济理论、地区经济增长理论，并结合凉山少数民族地区产业发展特点以及产业发展实践规律，对凉山少数民族地区产业扶贫可持续发展进行了全面深入的分析梳理，提出了一系列发展策略，以指导少数民族地区扶贫工作实践。

本书在写作过程中，遭遇了新冠肺炎疫情，调研和数据收集受到了较大影响，给本书写作增加了较大难度。所幸得到了凉山州委、州政府的大力支持，为我们的研究提供了丰富的数据材料，才使本书写作得以顺利完成。在本书出版之际，特向为本书写作提供数据并进行书稿审定的凉山州委、州政府各部门及相关工作人员表示感谢。

由于作者水平有限，本书的观点难免有不当之处，责任由作者承担，敬请各位读者批评指正。

王桂胜

2020 年 12 月